中環一筆叢書

第2輯

嬗變香港

江迅 著

太平書局

「中環一筆」叢書第 2 輯

嬗變香港

作　　者： 江　迅

責任編輯： 郭　瀅

封面設計： Cathy Chiu

出　　版： 太平書局

香港筲箕灣耀興道3號東匯廣場8樓

發　　行： 香港聯合書刊物流有限公司

香港新界荃灣德士古道220-248號荃灣工業中心16樓

印　　刷： 盈豐國際印刷有限公司

香港柴灣康民街2號康民工業中心14樓

版　　次： 2021年 7 月第 1 版第 1 次印刷

ISBN 978 962 32 9351 8

Printed in Hong Kong

「中環一筆」叢書總序

都說歲月有痕。香港正處於百年未有之大變局。順應歷史潮流的變革是一種必然。

世上很多變革往往是被迫發生的，包括觀念的變革。任何一個事物的變革，巨大的動力在於迫切需要變革的人。香港走到變革的今天不容易。這種艱難度，香港人最清楚。

變革，就是不同於昨天，不重複今天。變革中的問題，只能透過繼續變革來解決。不斷的變革，才有不盡的活力。變革的時代，提供了發揮能力的機會，也提供了對能力的挑戰。

立足大視角，變革新香港。跳出香港看香港，跳出當前看長遠。這是本叢書第一輯、第二輯共 10 位作者的共識。

自 2014 年 7 月，零傳媒國際有限公司牽頭成立「中環一筆」評論小組，邀請香港媒體界、教育界、司法界、財經界等專家，每週撰寫關於香港時政的評論文章。他們扎根在各自的專業領域數十年，建樹良多。7 年來香港經歷了一系列的動盪，從非法佔中、雨傘運動再到 2019 年的反修例風波，他們一直堅守前線，筆耕不輟。

2015 年以來，零傳媒已先後出版了《香港傘裏傘外博弈》、《血色旺角前世今生》、《回歸 20 年 —— 香港浴火重生》、《香港超越內耗》、《香港拒絕傲慢與偏見》、《香港顏色密碼》、《衝破香港黑夜的曙光》等 7 本相關評論文集，在海內外傳遞出強有力的聲音。當時間走到 2021 年，《香港國安法》已經實施，完善選舉制度條例刊憲，香港迎來一個新的變革契機，我們覺得需要為每一位作者的思考，專門結集出版。

這 10 位作者及其作品，分別是雷鼎鳴《龍鷹相搏 —— 香港看到的中美政經關係》、楊志剛《花開瘟疫蔓延時》、陳莊勤《沉默不螺旋》、屈穎妍《支離破碎的世界》、陳文鴻《港人的家國觀和世界觀》、阮紀宏《來生再寫中間派評論》、劉瀾昌《港人為何未能治港》、何漢權《教育，過眼不雲煙》、潘麗瓊《黑暴未了，真兇是誰？》、江迅《嬗變香港》。

感謝太平書局為此套叢書精心設計，如您將整套書擺放在一起，在書脊處會見到香港地標中環的完整海岸線，我們謹以此向各位作者致謝。

我們共同期待大變革下，香港會越來越好。

序言

這是一部時政評論集，圍繞近年香港時政熱議話題。

做了 45 年記者，一輩子在採訪，寫評論不多。新聞報導全過程中，採訪是第一道工序，任何新聞報導都是採訪在先，寫作在後。撰寫時政評論要不要採訪呢？回答是肯定的。採訪一般分為事實性採訪和評論性採訪。

本書上篇五萬多字，是我的評論；下篇五萬多字，是我對評論人的訪談。

作為一部評論集子，上篇與下篇之間的「評論」關係何在？

記得 20 年前，北京中央電視台的《焦點訪談》被列入評論節目，如今已習以為常了，但當年曾在中國媒體界引發一場爭論。《焦點訪談》製作者把握時代脈搏，追蹤社會熱點，深受百姓和官員喜愛。《焦點訪談》剛創辦時，很多媒介同行的激動是可以理解的，因為它不僅意味給社會提供了一個好節目，也給電視界解決了一個難題。長期以來，電視界一直揹着沒有評論的名聲，《焦點訪談》模式巧妙地解決了。

本書的下篇，部分訪談承蒙同事袁瑋婧、駱丹、邢舟相助，也經由實習學生邵毅東、呂澄予、陸楚一、黃雪怡、朱慧娟從旁協助，在此一併感謝。

江迅

目錄

管治缺失

下篇

上篇

佔中後遺

跟泛民主派玩數字遊戲

學文科的我，卻對數字敏感。職業寫新聞，常常會用實實在在的數字表述觀點。最近這些日子，有一個數字常常被人引用，那就是「13 萬」人，還有即將來到的 6 月 9 日的「30 萬」人。

這「13 萬」成了一個指標。被視為「香港民主之父」的資深大律師李柱銘說，「民陣第二次發起反修訂《逃犯條例》遊行，有多達 13 萬人參與。然而署理特首張建宗竟指……」（5 月 7 日）。香港大學法律學院教授陳文敏說，「儘管有 13 萬人上街遊行，政府依然一意孤行」（5 月 8 日）。新民主同盟立法會議員范國威認為，「13 萬人上街代表民意，對修例的關注及憂慮」（5 月 22 日）

立法會審議《2019 年逃犯及刑事事宜相互法律協助法例（修訂）條例草案》（即《逃犯條例》），民間人權陣線（民陣）於 2019 年 4 月 28 日發起第二次反修訂《逃犯條例》遊行，民陣宣佈遊行人數達 13 萬人，而警方則稱高峰時段只有 22 000 人。民陣召集人岑子傑日前透露，有意在修例於立法會恢復二讀前，即 6 月 9 日，發起第三次大型反修例遊行，希望動員 30 萬人上街。這「30 萬」，就是以「13 萬」為基礎而作的預估。

那這「13 萬」人數的依據何在？日前，我聽好友雷鼎鳴教授作過一番分析。這位香港科技大學榮譽大學院士、科大經濟系前系主任說，計算遊行人數的關鍵是估計人龍有多長。從起點東角道到終點政府總部，共約 3 000 米，供遊行示威人士走的路寬 10 米。帶領龍頭的人共走了 120 分鐘，於 5 點半到達終點。當龍頭人到終點時，龍尾在哪裏？5 點半這一刻的龍尾示威者要多走 100 分鐘才到終點。既然龍頭要走 120 分鐘才走完 3 000 米，那麼龍尾 100 分鐘約可走到 2 500 米，也就是說，龍頭與龍尾的距離應約 2 500 米，即 5 點半這一刻，示威人士佔有的總面積是 2 500 米乘以路寬 10 米，即 25 000 平方米。

雷公繼續說，這塊地可容納多少人？如果是 13 萬人，這便意味每一平方米要容納 130 000÷25 000=5.2 人。唯有人人都如沙甸魚般擠在一小型電梯中，這才勉強可能。示威時要行走，舞動手腳，從以往示威可見，平均一平方米一個人也會嫌擁擠，每平方米假設站一人已經是高估的，5.2 人則是太離譜。如果每平方米一人，總人數便是 25 000 人，警方的數字明顯可靠得多。用點常識，便可看出誰在造數。

雷公說：「我已查過一些資料，整條軒尼詩道才 1.86 公里長，計算中用的 3 公里大致準確。示威隊伍用一邊的路，三車道的規格是 10 米寬，軒尼詩道有部分三車道，有部分是二車道。我的估算不可能完全準確，但一定比民陣所說的 13 萬人接近事實得多」。每一次遊行示威，舉辦方和官方各說各話，所說的人數相差特大，媒體和一些政治人物卻喜歡引用毫無根據的主辦方聲稱的數字。現在有了無人飛機，其實人們可直接在空中點算人頭，把不同地段的人頭密度抽樣數一數，便不難推算出結果。

過去 10 多年來，反對派一直試圖用「遊行人數」代表「主流民意」。以 2013 年「元旦遊行」為例，民陣當時稱人數有 13 萬，警方數字則是 2.6 萬。2003 年「七一」遊行，依然是民陣籌辦，主要是反對《基本法》第 23 條立法，主辦機構說 50 萬人參加遊行。民陣主張，16 年後的今天，只要遊行人數達 30 萬，就有望阻止通過《逃犯條例》修訂。其實，當年 50 萬人上街的背景是經濟衰退，社會不安，樓價暴跌，怨氣頗重，市民負資產後紛紛對政府不滿，並非都衝着 23 條立法，相當一部分是為了「倒董」（時任特首董建華）。純粹為反 23 條立法而上街的人確實不少，但不是 50 萬人。何況，當年政府最終終止立法程序，主要是法案表決前，自由黨和工商界一些議員突然「倒戈」而改變立場所致。

泛民主派在玩「數字遊戲」。據玩數字遊戲的朋友說，《2048》、《數字 10》、《數字消除》、《數字解密》等都是經典的數字遊戲，在 APP 商店可以下載。「數字遊戲」又稱第九藝術，相對於傳統遊戲，別具跨媒介特性。這裏，我們不妨也穿越時空，跨越領域，看看其他一些數字。

—— 兩個多月前，一年一度的維園年宵市場，多個泛民政黨都藉此吸金，籌款數字明顯較上一年下跌。香港眾志籌得 48 萬港元，較上一年大跌四成；支聯會排第二位，籌得 35 萬港元，下跌 7%……能不能說，泛民主派在市民心目中的份量，出現走下坡的趨勢？

—— 4 月中旬，香港「護港安全撐修例大聯盟」推動的聯署支持修例活動，截至 5 月 10 日，有 24 萬市民聯署；5 月 19 日破 36 萬人；5 月 24 日破 43 萬人。這數字的增長，是否展示支持修例的主流民意？

……數字還有更多，限於篇幅，無法都拿來「遊戲」。看看6月9日上街遊行的那30萬人，主辦方民陣又會怎麼「遊戲」操弄，拭目以待。

（原刊於2019年5月）

香港周永康要「公決」甚麼？

風起雲湧，波詭雲譎。香港學聯不滿全國人大常委會關於香港政改普選框架的決定，於 9 月 22 日起罷課一週。罷課成了「學生佔中」的一個代號。週前的一天，香港教育工作者聯會（教聯會）會長、反罷課旗手黃均瑜，與香港專上學生聯會（學聯）秘書長、罷課搞手周永康，對談兩小時。對話中，他倆談到人與土地的問題。黃均瑜說，香港是中國的領土，不可分割，人可以流動，國籍可以選擇，國土卻不能丟。周永康問他，為甚麼土地比人更重要？黃均瑜說，歷來所有侵略戰爭，圖的都是土地而不是人民。周永康說，他只對這土地上的人有感覺，對國家的感覺卻很遙遠。

這話算是點中了他自己的穴位：港人應該擁有更多民主和權利，國家安全的重要對他而言是無所謂的。周永康也就不能理解陳毓祥 1996 年為釣魚島宣示主權而犧牲的香港保釣人士的壯舉；一旦有敵軍入侵香港，周永康也斷然不會披甲上陣，保衛家園的。

據周永康在深圳的親友透露，他很少回內地，他對內地這片土地接觸極少，確實沒有甚麼感覺。記憶中，這些年來，在內地住得最長的一次是 2008 年 12 月，逗留了六、七天；那以後凡是來內地，就是在深圳。九年前，他母親在深圳龍崗百門前工業區註冊了一家服裝公司，現在生意很清淡，公司的管理人員說，女老闆都有一年沒見到了。周永康進出深圳，幾乎都是當天來回，2009 年來過深圳兩次，都是當天來回；2010 年來深圳兩次，2011 年和 2013 年各來深圳一次，幾乎都是當天來回。難怪他的親友說，「這樣的孩子，能對這片國土有感情嗎？很難」。

香港回歸的意義，在於對國家民族的認同。香港回歸至今，仍有人不願接受中國對香港恢復行使主權，企圖將香港變成獨立的政治實體。香港回歸最重要的是人心回歸。不過，在香港，特別是一些年輕人，滿嘴「強國人」，滿眼「蝗蟲潮」，厭陸（大陸）恐共。在學聯這次罷課前兩天，即 9 月 20 日，周永康發表了一篇〈致香港人：不付代價，奢談未來？〉的文章，他對中共的理解就是簡單化到了「李旺陽被自殺、要高智晟被失聲的政權」：「政權撕破面具，張牙舞爪提醒港人他面前政權的本質，就是專政，她就是會逼迫李旺陽被自殺、要高智晟被失聲的政權」。

這位曾穿着港英旗幟 T 恤的學聯秘書長周永康，24 歲，香港大學比較文學及社會學的四年級生。他一再說，自己沒有港獨理念。不過，看看學聯的網站，「2014 香港獨立」的醒目照片堂而皇之奪人眼目。9 月 11 日學聯發表的大專學界罷課誓言：〈自主命運誓不認命，罷課重奏未來凱歌〉一文中說，「為甚麼北京的 170 個欽點的人大代表，可以代為決定香港人的命運？……為甚麼不是我們 700 萬香港人公決我們的前程？」「如此才能務使港人擺脫中共殖民者與大財閥的控制，真正命運自主，自決前程！」……

學聯由香港八個大專院校學生會組成的聯盟，自稱以「放眼世界，關心社會，建設民主中國，爭取同學權益」為綱。了解學聯的構成，便能知道所謂罷課行動，策動的從來只是幾十個學聯核心成員而已。圈中人說，學聯不是選舉產生的，學生根本就沒有選舉權，不是一人一票選出學聯的領導層，學聯的核心只是各大學學生會幹事擔任。眾所周知，各大學學生會很少有真正競爭的選舉，原因之一正是學生會工作量大，有些幹事甚至要為此休學一年，求學業的學生根本就沒興趣參選，一些熱衷反對派政治的年青學子便垂涎三尺，視為「從政捷徑」。

搞風搞雨的香港學聯，早已由一個學生組織聯盟，變成激進政治團體，與台灣的「台獨」勢力呈結盟之勢。2014 年 6 月，學聯就聯同多個激進組織，以響應反對新界東北發展為由，暴力衝擊立法會。近來在周永康主持下，更擺明車馬與「台獨」勢力聯手，以策動所謂「兩岸四地如何反撲中國政府」。周永康與台灣「太陽花學運」領袖林飛帆、陳為廷早已是密友。有「台獨」團體舉辦「台灣公民團體聲援香港抗爭」座談會，透過連線邀請周永康發言，他便作了闡述「命運自決」的講話。在台灣爆發「太陽花學運」時，周永康隨即與學聯骨幹前往台灣向發動運動的民進黨第二梯隊「學師」。他們回港後，學聯就仿效台灣「佔院」，7 月 1 日大遊行後的「佔中預演」，暴力衝擊立法會就是學聯為主發動的，非法佔領中環遮打道，崇尚「命運自決」……

周永康的政治立場「命運自決」，就是要排除中央對香港的全面管治權，將香港當作一個政治實體，不少學者明確視之為「港獨」的一種論述，「香港人自決」最終必定走向徹頭徹尾的「港獨」。周永康曾擔任香港大學學生會刊物《學苑》副總編輯。《學苑》早先內容主要探討校園及社會議題，但自從周永康任職後，刊物風格大變，關注校政和社會政策的內容少了，為反對派搖旗吶喊的政治鼓譟多了。《學苑》始終或明或暗成為鼓吹「香港自決」的宣傳平台。2014 年 2 月號《學苑》，用 20 頁版面，以「香港民族 命運自決」為題，發表多篇文章，探討「本土意識」、「本土政治」，力挺劃地自封，更有文章提出香港應「公投」變為獨立政治實體。

《學苑》9 月號，更精心策劃「香港民主獨立」的時政專題，以六篇文章討論「港獨」，有〈這時代的吶喊：「香港民主獨立」〉、〈談資源，看港獨〉、〈談軍政，看港獨〉……大談「港獨的境內盟友」、探討香港「武裝獨立」的可能性，研討依靠「藏獨」、「疆獨」、「台獨」勢力支持的話題。儘管這一專題也收入了一篇〈獨立幻想〉，文章結論說「港獨」並非是「上策」。這一期《學苑》，以「香港民主獨立」作封面標題，以黑底白字「罷課」兩字作底頁，「罷課」與「港獨」如此遙相呼應，對國家民族的認同早不見了蹤影，這還不讓人深省嗎？

（原刊於 2014 年 9 月）

黎智英被捕細節
顯示警方精心部署

這是一次震撼香港社會的警方拘捕行動。2 月 28 日清晨 7 時許，港島總區重案組十多名警員，抵達何文田嘉道理道 81 號大宅外，上門拘捕 72 歲、壹傳媒創辦人黎智英。一系列細節顯示，對這次拘捕行動，警方作了精心部署。

黎宅大門外，保安員多番詢問警員，找黎智英是甚麼事。警員說：「我不會同你講，我們現在要找黎智英，我們是香港警察港島總區重案組第三隊的，就這麼多。」擾攘 10 多分鐘後，黎智英出門現身，警員向他展示委任證稱：「今天來找你，是有一案件要你協助調查。」

黎智英說：「我剛剛做完運動，要沖涼洗澡，(甚麼事) 你快說。」當警員向他警誡所涉案件時，黎智英神色顯得凝重。隨後，他回屋梳洗，警員在門外等候他。其後，他更衣再度走出屋外，警員展示案發當日調查文件及圖片，問黎智英：「有沒有辦法拿到 (圖片中) 這件衣服？」黎智英回答：「我有的。」警員續問：「是不是這件衣服？」黎遲疑了一下說：「這件衣服就不知道了……」警員再追問：「還有這條褲，行不行？」黎智英隨即說：「不需要了吧，我是有參加（指那天遊行）。」警員解釋說：「這是我們蒐證過程。」其後，戴上口罩的黎智英被帶上警方七人房車，押往九龍城警署接受問話。據悉，警方在調查時檢走黎智英的手機，會申請法庭搜查令，以追查更多涉案證據。

黎智英在很多人眼中是「主要亂港頭目」之一。有輿論認為，「他有錢，有行動工具（媒體），活動能量最大，玩得風生水起」，「用『人神共憤』這個詞描述他，最恰如其分」。廣東省順德黎氏2019年8月將他剔除出族譜，是此人品行的一個寫照。2月28日，正是2019年8月31日半年後的前一天。「8. 31」這一天是「反修例」暴亂陣營的重要日子。警方選擇這一天，無疑給人留下想像空間。

從這次香港警方對黎智英的拘捕看，諸多細節打破慣常做法，高調而別具象徵意義。拘捕方式是上門拘捕，而非對社會知名人士常用的通知「到警署報到」，再實施拘捕，這表明這一行動的嚴肅性。其次，拘捕的時間是當天一大早，還未到上班時間，一舉叩門，出乎所有人意料，令對方完全來不及反應。再看，拘捕後警方人員立即對黎智英寓所實地取證，此前黎智英曾多次被拘捕，但是搜查其寓所罕見。最後，黎智英在被拘捕的當天就被落案起訴，效率頗高，相關法律手續齊全，可見這一行動經過較長時間的謀劃和充足準備。

據悉，負責案件的港島總區重案組經長時間蒐證研判，並徵詢香港律政司意見，認為「夠料」，遂對有關人等採取拘控行動。是日，警方兵分三路拘捕目標人物，其中一隊警員由林志源總督察帶隊。除了去何文田拘捕黎智英外，另兩隊警員分別到薄扶林碧瑤灣和長沙灣美孚新邨，拘捕 73 歲、民主黨前主席楊森和 63 歲、前工黨立法會議員李卓人，分別押往西區和長沙灣警署。中午近 1 時，即拘捕 5 小時後，三人先後被保釋。黎智英准 5 000 港元保釋，5 月 5 日開庭。中午 12 時 48 分，黎智英雙目無神，由兩名律師陪同步出警署，面對記者追訪只稱「沒甚麼話說」，離開警署時未有回應傳媒提問，其後乘車返回將軍澳壹傳媒《蘋果日報》大樓。楊森及李卓人則各准以 1 000 港元保釋，都於 5 月 5 日在東區裁判法院提堂。

黎智英涉嫌的罪名有兩項，分別是非法集結和刑事恐嚇。非法集結犯罪發生於 2019 年反修例暴亂期間的 8 月 31 日。網民發起所謂「召集 10 萬基督徒上街」行動，屬未經警方批准的非法集會和示威遊行，最初在灣仔修頓球場宗教集會，而後黎智英帶頭遊行至中環遮打花園，示威活動演變為大規模的打砸燒。被建制派指為「亂港黑手」的黎智英下午約 4 時，在國際金融中心附近乘車離開。所謂的遊行，最終演變成多區暴亂，暴徒瘋狂縱火，烈焰焚城。

黎智英涉嫌的另一起刑事恐嚇案件則發生於 2017 年 6 月 4 日。當晚，黎智英在參加香港支聯會組織的「六四」祈禱會時，突然走到一名香港《東方日報》男記者面前，一邊用右手指着對方的臉，一邊以粗口辱罵對方近距離拍攝自己。其後還威脅說，「我一定會對付你，我現在告訴你，我已經拍了你的照了」。被恐嚇的記者當即報警，隨後香港警方以刑事恐嚇案件開展調查。

黎智英被落案起訴違反《公安條例》第 17A 條「未經批准集結」，參與未經批准的集會活動，就可能構成非法集結罪。港島總區刑事總部署理高級警司黃東光說，根據《公安條例》，任何人如參與非法集結，循簡易程序定罪，可處罰款 5 000 港元及監禁 3 年。如循公訴程序定罪，可處監禁 5 年。至於刑事恐嚇罪，經簡易程序處理，可判罰款 2 000 港元及監禁 2 年，經公訴程序處理，則可判監禁 5 年。被問及為何調查如此長時間，是否有政治考慮時，黃東光稱警方完成調查後會拘捕，否認政治考慮，調查需時是要等候律政司意見。

2 月 28 日，在黎智英、李卓人等被捕後，一批市民分別到他們住所示威喊口號，支持警隊執法。有 30 名市民前往警察總部，手持寫有「支持警察有效執法」橫額，直呼「大快人心」，批評黎智英等人勾結外部勢力搞亂香港。近 20 名市民到黎智英位於九龍嘉道理道的住所外示威，狠批黎智英反中亂港。十多名市民到將軍澳工業村西駿盈街 8 號壹傳媒集團總部示威。這一天，黎智英獲釋後晚上隨即召集李卓人和民主黨何俊仁、李永達三人，在西環一家「嚐囍煲仔小菜」的餐廳同桌聚餐。有市民見了，拍了照，放上網絡。四人如此高調撐枱腳的照片在互聯網瘋傳。

退休裁判官黃汝榮認為警方今次落控三人「快、靚、正」。當日在修頓球場的宗教集結雖可獲豁免，不用向警方申請不反對通知書，但不等同可延伸至非法遊行、集結，三名被告當日由修頓球場遊走去中環聖約翰座堂這段路程，涉嫌違反合法活動條件，不理警方警告繼續遊行，違法證據充分。黃汝榮指出，對三人控以較易舉證的「未經批准集結」而不是「非法集結」，這做法聰明，因「非法集結」須涉及「侮辱性或挑撥性的行為」、「意圖導致或相當可能導致破壞社會安寧」等犯罪元素，舉證較繁複。

據悉，違反「未經批准集結」最高刑罪監禁 5 年，屬於地區法院審訊，區院「釘官」，即嚴肅依法判刑的法官較多，涉犯罪者「落鑊」率較高：刑罪重的會轉去高等法院審，一旦遇到「放官」、「黃官」就有變數，犯案者會否受法律制裁，仍要看審訊結果。

全國港澳研究會理事顧敏康提醒要關注三件事：第一是律政司如何跟進？第二是法院如何判決？第三是如何反駁反對派的無理指責？他認為，黎智英等三人被捕意味着刑事司法程序正式展開。下一步是律政司起訴工作。黎智英等人獲得法院批准保釋，但如果律政司遲遲未進入實質性檢控程序，那麼，這三人就可以繼續在社會上興風作浪。只要回想「佔中」案中，戴耀廷等人從被捕到判刑的時間，就可以理解為何會有這種擔心。換一個角度看，警方花了這麼多時間才採取逮捕行動，應該已掌握充分證據，這也為律政司起訴工作打下扎實基礎。因此還是應該期待律政司會積極、負責地跟進起訴工作。

他認為，律政司起訴後，就進入法庭排期審理階段，即大家希望看到的定罪和量刑階段。人們不希望看到如戴耀廷等人的漫長過程：從 2017 年 3 月被捕起訴到 2019 年 10 月才判決。再者，從近些年的案例看，未經批准的非法集結罪的證據比較直接，罪名也容易坐實。但構成犯罪的反對派頭面人物幾乎沒有被判入獄的，通常是被判社會服務令或緩刑。正因如此，才會有輿論批評審案法官在平衡公共利益和個人權益方面做得不夠，希望看到法庭在此案中有更合理的平衡。

黎智英被拘捕翌日，美國聯邦參議員斯科特和美國國務院都聲稱關注事件，指特區政府不要為「政治目的」而「選擇性執法」。前港獨彭定康也聲稱對三人被捕感到「憤怒」。也是在黎智英被拘捕的翌日，數百名暴徒以所謂「紀念 8.31」為名，在旺角和九龍多處堵路、縱火、投擲汽油彈、追打落單警察，再次上演暴力醜劇。黎智英是策劃暴亂的「總教頭」，是暴徒的「幕後金主」，是美化暴力的「總導演」，對於暴徒而言，他突然被抓，豈非天塌下來的大事，這種「狗急跳牆」式的反應也是預料之中。任何人違法必須追究，依法檢控禍首是必須履行的責任。

（原刊於 2020 年 3 月）

香港警察被妖魔化了

香港「七一」大遊行，引起台灣人前所未有的關注。頗多台灣社運團體來香港聲援，旋即向台灣及時傳回大批一手資訊。遊行後，香港學聯在中環遮打道發起「佔中預演」，千餘市民靜坐抗議。這一天，香港多個激進團體的舉動，有台灣學生佔領立法院的學運影子。台北朋友看了傳回去的資訊，電話給我說，他們發現，香港警察在清場過程中，並未發生警察打人、動用噴水車那樣的事件；香港攔截示威者的鐵馬，也比台灣好很多，台灣的又高又有鐵刺倒鈎；香港警察的行動，全部依照法例和規範行事，而嚴格執法的過程中，又給予一定的人道照顧……台灣朋友盛讚香港警察守專業、高素質，法治精神深植人心，反觀台灣警察則不然。

那天凌晨 3 時，香港警方清場，拘捕 511 人。這是回歸後港人集會被捕最多的一次。翌日，一些自詡為香港主流媒體的報導，紛紛指責香港警方「過分使用武力」，美國、英國當局也紛紛表示關注。有報導說，一些示威者在與警察對抗掙扎時，「頸部被扭紅了」，手腕上有「摩擦印痕」。香港學聯批評警方程序混亂，被捕後 6 小時裏仍沒水沒食物，等了 1 小時仍沒辦法上廁所。

細觀香港整個遊行和後續行動的過程，可以看到香港警察都有嚴格的SOP（標準操作程序），首先會舉出中英對照的警示牌警告，並派出專人向遊行示威靜坐者宣告，其行為的邊界，以及不同行為選擇將面臨的後果，使示威者知悉。警方還用揚聲器提醒示威人士，有關公眾集會，事先並無知會警務處長，因此是非法的，參與者有可能會被檢控。在明確告知後果後，如果遊行示威靜坐者選擇繼續行動，把警方的善意相勸視作耳邊風，那麼必須自負責任，警方宣佈清場而採取果斷行動，示威者被抬離現場及面臨被檢控，這咎由自取。

清場了，警方在行動中表現出專業、文明、克制。他們以合法適當手段，有效控制場面。清場時，願意步行離開的示威者，由兩名警員扶着雙手帶走；不願離開的示威者，警方便會派出四名警員，逐一將他們抬離現場。上級一聲「抬」，四個警察便捉住一個示威者的手腳，抬着將靜坐示威者送上大巴士，女示威者由女警抬走。

一輛輛旅遊用的大巴士，由中環開往黃竹坑警察訓練學校羈留。這應該是史上最舒適的拘捕行動。旅遊巴，皮椅座，空調冷氣，觸犯了法律，卻是旅遊團成員的待遇，浩浩蕩蕩，卻不用坐「豬籠車」。香港警方是全世界最優秀紀律部隊之一，這一聲譽當之無愧。他們執勤的克制文明，在全球位居前列，世界有口皆碑。在英美日等所謂民主國家，只要示威者一衝越警方防線，立即會招來警棍、水炮、催淚彈等武力手段，這司空見慣，示威者被打得頭破血流是常事。在香港，面對一些示威的「衝擊老手」不斷挑釁侮辱，警員卻能保持克制忍讓，也注意遊行者的權利保護，除照顧弱勢者外，還允許執法過程中記者隨機採訪，整個執法行動，完全在香港媒體拍攝下進行，經得起輿論監察。

香港警察，這天在烈日下，在遮打花園一帶執勤，站了 9 小時，悶熱令警服濕了乾，乾了濕，別說喝水吃東西，廁所也沒法去。翌日凌晨，在警校羈留期間，警方要為 500 多人錄口供，逐一核實身份認人，自然要花一段長時間。現場警員也忙得不可開交，顧不上飢餓、口渴。令人不可思議的是，一班示威行動始作俑者，竟然不斷高呼「肚餓口渴」，給完水還要給吃的，他們以為是假日參觀警署？他們無視自己是涉嫌違法分子，正接受調查，還在大呼小叫，想一想，511 個被捕者，每人舉手一次要上廁所，陪同帶領的警員就要走 511 次。

將警員視作敵人動輒衝擊、羞辱，已成家常便飯，這股歪風對前線警員已造成很大的生理和心理壓力。正如一位資深評論家所說，那些動不動就說警權過大，動不動就喊警察打人，我倒是覺得，今日香港警權實在太小了，哪有一個國家或地區，遇上暴民式攻擊，還會有閒情舉牌，苦口婆心溫馨提示：吶，再這樣下去，我就會噴射胡椒噴霧的了！

我第一次到香港是 1992 年，從內地到香港，一比較就令人諸多感慨，其中之一就是香港人在外遇到甚麼意外，事無大小，第一時間就想到找警察，不認識路了，街上樹倒了，寵物貓不見了，不小心碰傷了，其實明明知道這與警署無關，但香港人就愛打電話 999 找警察。用一位好友的話說，「習以為常，卻忘了感恩」。香港社會一直維持極低的罪案率，社會秩序井然，除了市民大多和平守法外，也全賴有一支高質素的警隊維持治安。

有位幼稚園校長說，她年年都做孩子資訊調查，今年結果令人吃驚，調查問孩子將來長大願意做甚麼？答案是「警察」的，原本多年來高踞男孩首位，誰知今年男生第一志願是「消防員」，其次「律師」、「醫生」，「警察」跌出三甲。這是近年媒體和反對派妖魔化警察的結果，試問：20 年後，誰還會當警察？

電視鏡頭前，有年輕的示威者，步出所羈留的黃竹坑警校，見到自己母親焦慮地在校門外等待，母子相擁而泣。我在想，這些年輕的警察，也有父母家人，每天離開家門，今天又不知為這座香港城冒甚麼險去了，這種牽腸掛肚，他們可是天天經歷啊。不求每個人都明白，只奢望在妖魔化警察時，靜心想想，他們也都是母親生下的。

（原刊於 2014 年 7 月）

佔中一週年　看民主邪教

國人大凡週年都會作出紀念。香港「佔中」一週年，佔中和反佔中多個團體都舉辦「紀念」活動。最惹人厭惡的旺角「鳩嗚團」[1] 率先行動，60 名「團員」以「毋忘初衷、重返金鐘」為名，紀念黃傘運動一週年。

旺角「鳩嗚團」成員，包括所謂「本土派」梁金城（金金大師）、「粉筆少女」及「美國隊長」等，他們先在旺角西洋菜南街集合，其後經彌敦道遊行至尖沙咀碼頭，再乘船到中環，由中環步行至金鐘政府總部。「鳩嗚團」沿路用擴音器大叫口號，極度滋擾，油麻地及尖沙咀旅遊區一帶市民及商戶無不面露厭惡神情，有市民更被吵得雙手掩耳。有從事零售生意的商戶指，「鳩嗚」行動已影響其生意足足一年，令其生意額大跌七成。

是夜，警方嚴陣以待，沿途派警察在遊行隊伍前後維持秩序，不少街頭也有機動部隊警員駐守防止事端。由於參與人數不多，警方準備充足，整個活動沒有發生激烈衝突。不過，當「鳩嗚團」行經尖沙咀海防道時，有市民不勝其擾而叫他們「收聲」，

1　鳩嗚，粵拼 gau wu，字面意思是「亂咁嗌」，2014 年起香港用來做普通話詞「購物」gòu wù 的粵語音譯，有嘲諷意味，反陸客，去中國化。

雙方發生輕微言語衝突，但很快便被警員勸開。

2014 年 8 月 31 日，全國人大常委會對香港 2017 年普選作出決定，揭開建制與泛民陣營兩方的「佔領中環」、「反佔中」、「袋住先」等一系列大型政治動員的序幕。一時間，香港街頭、辦公室、學校、家庭裏涇渭分明，同室操戈。當下香港，正面臨政治轉捩點。佔中一週年，見證極端派如何煉成，綁架了這場運動，改變了香港政治生態，以黑白二分、族羣仇恨的論述，解釋香港的貧富懸殊。

幾年來，香港的政治走在一條充滿衝突、辱罵，甚至暴力的路上。以前一些抗議人士躺在馬路上堵塞交通，全城會譁然。如今，「佔中三子」[2] 聲嘶力歇，叫市民公民抗命，煽動青年人和學生參加暴力衝擊；激進學生組織「學聯」及「學民思潮」發起罷課集會，一夜間演變成萬人暴力衝擊特區政府總部；學民思潮召集人黃之鋒，發號施令叫示威者衝入「公民廣場」而一派亂局……「佔中」爆發後，這種模式就發展到甚至曠日持久的「佔領事件」而目無法紀，抗議人士往往施加暴力和破壞，示威者不斷使用暴力手段，衝擊警方防線，甚至襲警。

極端派強調「勇武制暴」、「打倒港共政權」，將公權力與法制妖魔化。在香港，理性討論早就不見了，更引爆「後佔中」的「鳩嗚」行動和香港大學「暴衝」事件，香港大學學生會會長竟然理直氣壯叫學生「以武抗暴」，在議會中，以往的溫和議論已被日漸恆常化的「拉布」行為騎劫了。議會成了宣示政治立場的場所，

2 即香港中文大學社會系教授陳健民、香港大學法律系教師戴耀廷、牧師朱耀明。

成了街頭政治的表演舞台。到 2015 年反對派綑綁否決政改，政制最終原地踏步，置多數民意於不顧，議會的職能到底能否正常履行，已廣受市民質疑。

歷時 79 日的違法「佔中」禍害未散，當下，學生激進衝擊事件有蔓延趨勢，他們以暴力手段表達訴求，已呈現擴散、惡化傾向。兩個月前，香港浸會大學、香港大學學生會成員暴力衝擊校委會、干擾校方人事任命；近日，城市大學的捐款典禮受衝擊。教育界人士批評，這正是「佔中」後遺症，一些學生目無法紀，以所謂的「爭取民主」及「學術自由」作為擋箭牌，破壞正常秩序。對此，校方及社會應予以譴責及懲處，避免衝擊文化在學界蔓延。

當很多人以為雨傘暴動陰霾已過，那是太樂觀了。當暴力被「正名」、或被合理化、甚至美化，要糾正、收回，根本是不可能的事，潛藏的惡魔跑了出來，人就會成為禽獸。香港「佔中」的後遺症也一樣，黃傘兵對不同顏色陣營的恨、對陌生人無緣無故的惡，除了獸性，沒法解釋。把犯罪行為美化，把罪惡感壓抑，以理想砌出貞節牌坊，擋住所有執法的路。雨傘暴動的最大禍害，就是釋放了人心的惡魔。這年來，大家粗言多了，憤懣多了，社會價值觀倒塌，道德敗壞，尊卑失了，尊重沒了。這一年，香港人心糜爛。其實傘兵也是被洗了腦的，他們信奉的正是民主邪教。

「佔中」對社會帶來的種種傷害，至今仍未能完全修復。政治風雨過後，香港人應該思考香港何去何從。

（原刊於 2015 年 9 月）

傾聽傘裏傘外聲音

有朋友說，香港每年文化界的亮點不多，就那麼幾個，一年一度的書展無疑是一大亮點。剛落幕的第26屆香港書展，亮點中的「亮點」，可說是有那麼一本書和與這本書有關的論壇。12萬字的《香港：傘裏傘外博弈》是筆者參與策劃的一本敢於突破「佔中」（佔領中環運動）書籍的包圍，為反佔中、反港獨、反對「去中國化」而發聲的新書，在香港書展期間火熱推出。

2014年末，香港發生79天佔領中環的所謂「黃傘運動」，這是後黃傘時代的第一個書展。黃絲帶話題、本土議題的書籍在「黃傘佔領運動」後可謂遍地開花，傘內的、本土的、港獨的，凝成聚焦點：《我們的價值》結集三百多幅「佔中」紀實照片；《傘下速寫》是三十多位畫家用素描速寫描繪佔中場景，主張港獨的《香港城邦論》作者陳雲及「熱血公民」等人士，推出文字、圖片、漫畫作品，煽動「城邦自決」、「香港建國」。此外，有《殖民地美學》、《城邦主權論》、《跟着傘運看電影》、《香港抗爭運動史》、《香港遺民論》、《我要真普選》、《陳雲激語錄》、《中港對決》等三十多本書。面對如此鋪天蓋地的黃絲帶傘內書籍，終於有兩本新書與之抗衡。包容的香港更需要傾聽，在「本土」、「港獨」的喧囂聲中，聽聽不善於發聲的沉默大多數人的聲音。

由明報出版社出版的《香港：傘裏傘外博弈》，收錄有《亞洲週刊》「香港評論」及零傳媒《獨家》公眾微信號「中環一筆」的12位作者的56篇文章，從多角度剖析香港的這場「佔中」和「反佔中」運動。該書分為「請學生走下神壇」、「警察克制，全球獨家」、「民間智慧對抗『去中國化』逆流」等五部分，敢於點出佔中學生的荒謬思維，抨擊逢警必反、損害法治的行為，批評「拉布」拖垮民生的泛民主派，激發讀者重新整理思緒，再看雨傘內外博弈。

《香港：傘裏傘外博弈》的12位作者來自媒體界、醫生界、律師界、經濟學界的專業人士，他們是雷鼎鳴、邱立本、屈穎妍、楊志剛、陳建強、潘麗瓊、阮紀宏、譚衛兒、李春、邵盧善等，以他們的筆觸與視角，勇敢表達在經濟、文化、社會、政治各方面的新思維，力求在香港一片激烈的、右傾的、港獨言論中突破重圍，在香港被扭曲的媒體生態中，搶回被奪走的話語權，激勵更多反佔中人士敢於表達自己意見。像這樣的書，在書展確實難覓而所見不多。除了《香港：傘裏傘外博弈》外，另有《激濁揚清》，由署名「微塵」的退休警察撰寫，該書講述警隊在79天「佔中」期間的堅毅勇敢、忍辱負重。

7月19日，上述十多位作者來到書展的「香港：傘裏傘外博弈」論壇活動，就「佔中」及「後佔中」的香港社會議題展開對話，與讀者討論。在今屆書展，類似講座論壇可謂絕無僅有，因此引發各方關注。敢於指出「佔中」者的種種荒謬而遭「滅門」恐嚇的專欄作家屈穎妍，是《香港：傘裏傘外博弈》的主要作者，她是這一「恐嚇事件」後首度在公眾場合亮相演講，於是一批「佔中」

人士、「雨傘運動」人士、自稱「廢青」「憤青」的年輕人，紛紛在網絡上動員留言，狂囂踩場，撐傘騷擾。警方和會展保安掌握情況後，多番作出部署，提升戒備級別。

226、227 會議室，讀者坐滿了；主辦方旋即按計劃開啟 228 會議室視頻實況轉播，瞬間也坐滿了。論壇開始，主持人是香港鳳凰衛視著名主持人曾瀞漪，她從台上走到台下讀者羣，微笑着問：「你們有沒有誰帶來標語的？」現場寂靜，沒人應答。曾瀞漪繼續問：「有沒有帶傘的，借我一下？」這時，在記者區的一個中年男子，頗為爽快地把一把黃傘遞給主持人。黃色雨傘，已是 79 天「佔中事件」的一種象徵。曾瀞漪拿着這把黃傘說：「我們撐起這把傘時，看到的只有這把傘下的世界，只有這個範圍。但如果我們把傘放下來，我們就可以看到更廣闊的世界，而不局限於這把傘下的世界。如果你不願意放下，捨不得，沒關係，你把傘偏一偏，你也可以看到另外一種可能。」

傾聽下，可能出現的激烈對抗被輕易而巧妙的化解了。事後曾瀞漪對筆者說：「作為一個主持人，控場重要，我想，應該把問題攤在陽光下，就是因為有不同意見，所以才舉辦這個活動，讓大家來談不同意見。如果因為有不同意見令活動被迫流產，就會使對抗更激烈。所以我想，在會場上要以柔克剛，柔中帶剛。先讓有不同意見的人說出想法，尊重他們的存在。但我們要設置遊戲規則，反對採取鬧場方式。先戳破氣球，消氣了，大家就不會在過程中積累抗爭情緒。」

論壇事後，屈穎妍說：「講座前夕，有關方面收到消息，有人會來搞事，於是保安立即升級至一級戒備。我做過甚麼讓對方如此恐懼，要出動全方位攻訐、游擊騷擾、滅門恐嚇，非把我滅聲不可？一個小女子，用最文明的方式，即文字去發表意見，如果都容不下，這是甚麼世界？今日香港是，我總是對的！你再不閉嘴？便恐嚇你，令你擔驚受怕。民主牌坊已成為恐怖分子道具，大家還要繼續膜拜它嗎？」

好好的一個論壇，卻遭遇本土分子、港獨分子揚言踩場騷擾，最終被化解了。經歷「佔中」和「反佔中」較量，經歷政改方案的提出和被否定的博弈，香港人顯得心浮氣躁。應該開啟一個大傾聽時代，傾聽自己身邊的人，傾聽彼岸的聲音，傾聽不喜歡的人。傾聽，是一種溝通。傾聽，彌合彼此分歧。收起黃色雨傘，仰望傘之外的天空，不僅仰望香港天空，更要遠眺神州的天空。

（原刊於 2015 年 7 月）

極度政治化的香港還能宜居？

你知不知道，東盟十國政府的代表 7 月中旬曾經在香港多天，與香港談判自由貿易協定？我問 10 個朋友，10 個都說不知道。自稱是香港主流媒體的報刊，也不見對此有報導。其實這自由貿易協定，事關每一個香港人的生活細節的變化。

我眼中的經濟城市香港，自由法制廉政，以金融中心、航運中心自居。不過，這些年來，卻已漸漸轉變成一個躁動不安的政治城市，香港過去的核心競爭力，正不時被侵蝕。自視為主流媒體的話題焦點，還有多少關注經濟下行的風險？經濟發展乏力，社會爭拗日盛，政府與社會已無法聚焦於重大發展問題。當然，在我心目中，一個成熟的社會，關注民生與經濟問題，並不意味着可以放任政治問題。

剛落幕的香港書展，請來台灣作家李敖演講，他與兒子李戡同台，為兒子新書《國民黨員毛澤東》站台。他講毛澤東與蔣介石，他講共產黨與國民黨。之前一天，我對李敖說，大師，演講提問環節，肯定會有讀者問你「佔中」和「反佔中」。果然不出所料。一個台灣作家，被迫對香港的政爭表態。

在書展期間，我與倪匡同台，講題是「倪匡半生傳奇」。近 80 歲的倪匡早就說：「世界上一切事情基本上都與我無關了。我現在對外界的事完全不關心，無論是政治混亂也好，還是有沒有選舉權也好，這一切對我來說都沒有關係。我完全放下了。」上台前，在貴賓休息室，我對倪匡說：大師，肯定會有讀者問你「佔中」和「反佔中」，你準備一下，他聽了，一笑：不會吧，都知道我遠離政治了。果然，有讀者在台下問倪匡對中共「一國兩制白皮書」的看法。

香港書展前兩天，第 3 屆文憑試放榜，誕生 7 男 5 女 12 名狀元，令人意外的是，這些狀元竟然遭遇媒體截問：對「佔中」與「反佔中」的看法。翌日，有報紙頭版是這 12 狀元的表態，有認為「特首選舉必須有公民提名」；有認為「不可避免要用激進行動表達訴求」……他們只是中學生，尚未成年，何必逼他們作政治表態？有甚麼必要如此大張旗鼓報導這些中學生的政治取態？

聽一位作家好友說，她有一對朋友夫婦，放工時走過街站，女人說想響應「保普選反佔中大聯盟」號召，簽名「批佔中亂港亂國」。男人則斥她「沒腦，沒常識」，「你是不是想加入共產黨」。那位作家好友說：好夫妻成了對頭人，那天晚上，女人傷心向她哭訴，「我只是想簽個名反暴力，他竟然發了瘋似的罵我」。日前，與那位作家好友喝下午茶，分手時，她說她約了一位女友，這位女友最近情緒低落，她要去安慰她，因為「佔中」和「反佔中」的政治分歧，男友竟然與這位女友分手了。

這類故事，在四五十年前內地的文化革命歲月時有所聞，怎麼今天香港也發生了？難怪有內地遊客發出「不到香港，不知文革仍在搞」的感嘆。當下香港，各種「佔領」、「搶奪空間」、「反規劃」、「社區自主」、「保衛家園」之類的政治話語，正不時複製重現。政治氾濫的都市，有多少人認為還適宜居住？

英國《經濟學人》、全球生活雜誌、中國社會科學院等，幾乎每年會公佈宜居城市排行榜。香港大都在前十位佔位。7月26日，特首梁振英在「青年專業論壇2014」上致辭：為下一代建設宜居城市。他說，一個城市宜居不宜居，規劃、土地利用、基本建設和樓房質量是其中一個重要方面；城市內和城市周邊的環境質素是另一個重要方面。

依我看，宜居雖是環境品質，包括水質空氣、食品安全；雖是住房價格和租金不離譜；雖是人口不能太密集而導致堵路堵車；雖是城市管理有序，官員亂來的事情少，人們貧富差距不大，有點文化內涵……但更重要的無疑是沒有政治暴戾之氣。

當下香港，政治爭拗成為社會主軸，出位表演成為政客主業，人們對每一項政策，每一個社會、經濟、民生問題的討論，都被政治化，成為變相政治權力鬥爭。「抵制赤化」、「反中殖」、「反國教」、「佔中」、「拉布」等一波接一波政治爭拗，以泛政治化手段窒礙香港經濟。政治惡鬥的戰場，絕非港人之福。按如此趨勢發展，10年後的香港難免成為極度政治化城市。政治成為沉重烏雲，壓在港人頭上。到了那一天，香港必定變成一座不宜居城市。

（原刊於2014年7月）

香港人為甚麼不快樂

「七一」這一天剛過去，香港回歸祖國，櫛風沐雨 18 年了，若以人比喻，18 歲是成年禮。作為慶回歸活動的一個項目，7 月 4 日駐港部隊在青山訓練場舉行「香江衛士」陸空軍演，這歷時 40 分鐘的軍演，是香港歷來最大規模實彈演練，直升機、裝甲車等施展協同攻擊及滲透圍殲戰術。令人奇怪的是，是日有立法會議員、政黨黨鞭，竟說看到如此炮聲硝煙，「深感威懾」、「內心不安」、「讓人恐懼」，一支保衛民眾而抗禦外敵的軍隊強大，怎麼會令自己人頓生「恐懼」、「不安」而自感「威嚇」？除非他不承認自己是中國人、香港人，激進港獨者才會想到軍隊會不會對付自己，其實，殺豬哪需宰牛刀？

記得，一個月前，百名駐港解放軍要參觀香港中文大學，與師生交流聯誼，參與講座，舉辦球類聯誼賽，並與校長共膳，活動前遭遇學生會和一些校友強烈反對。他們擬定屆時舉橫額抗議，批評校方「向中共政權獻媚」，要「捍衛院校自治」，校方竟然臨時取消活動。近年，香港人就是如此，甚麼都高度政治化。向來政治冷感的香港人，忽然熱血，不尋常的執着，不妥協的姿態，於是內心滄桑，於是怨氣衝天，難怪「抗議之都」的香港人總是不快樂。

6 月下旬，由美國蓋洛普顧問公司同健康機構 Healthways 合作的 2014 年全球幸福指數顯示，在 145 個國家或地區中，香港僅排名 120，與新加坡、台灣相比，相差一大截。這一指數以生活目標、社會、經濟、社區歸屬感、健康 5 項領域，調查各地民眾的幸福感覺。結果，中美洲國家巴拿馬排名第一，連續兩年奪「最幸福國家」稱號。香港人在五個項目的排名，分別是 140、134、23、108、140，唯獨經濟那項指標較為名列前茅，其餘都是排名末端。

兩個月前，聯合國公佈多名著名經濟學家的《世界快樂報告 2015》，在全球 158 個國家或地區中，香港的快樂分數排在第 72 位，較兩年前的上一次跌了八位，遠遠落後於諸多發達經濟體，瑞士排名第一。報告用六個因素，包括人均 GDP、社會支援、健康期望壽命、社會慷慨程度、生活自由程度、政府或企業的廉潔程度，解釋大約四分之三的全球快樂差異。

類似這類快樂、幸福的指數，經常顯示香港人並不「如意」。競爭是「不幸福」之源。香港禁賭，卻是個賭性頗重的都市，甚麼事都用輸贏定論。爭取普選和政改更是一場大決戰，不是你輸就是我贏。不讓步，不妥協，結果全城皆輸，沒有人快樂。朋友、文化人林沛理認為，香港人不快樂，不是因為他們缺乏選擇，而是因為他們有太多選擇。面對中央的 8.31 普選政改方案，是孤注一擲，為全贏而不怕全輸地否決方案，還是退一步海闊天空，認定在目前情況下這一「夠好」的、「比以往要好的」方案。得不到最好而誓不罷休的注定會失望，失望者何談快樂；願意退而求其次的知足者，才會自感長樂。

是否幸福，是否快樂，是一種自我感覺。佛家思想是要人善於放下執着。讀過聖嚴法師的《放下的幸福》。大師說，我們總是喜歡說「追求」或「爭取」幸福，彷彿幸福是來自於自己身心之外的某樣東西。然而，為甚麼一個人可能得到一切卻仍舊不幸福？因為幸福其實是來自自我的「放下」、煩惱的「消融」，而非任何東西的「獲得」。真正的幸福，不必依賴任何外在的人事物，也不是來自變幻無常的情緒與感覺，而是心的一種愉快與平靜的狀態。紅樓夢的《好了歌》聽過吧，了就是全放下了，得道了。

有學者說得對，應該將幸福、快樂等主觀福祉，納入改善政府政策的參考指標，政策好不好，不應只反映在能為香港帶來多少財富，而更注重能否改善民眾身心健康，並確保此種改善獲得民眾的有效感知和認同。政改方案遭泛民主派議員否決後，特區政府撇開政改話題，轉打民生牌，推出系列惠民措施，提高市民幸福和快樂指數，如此「反守為攻」，一步步落實民生慾望，一旦遭泛民主派議員阻擾，特區政府卻能獲得民意。

或許有人會說，政府集中發展經濟民生而迴避政制發展，經濟民生最終基於民主政制，達至資源分配的公平正義、思想表達上的自由開放、以及整體方向的自主。這都不錯，沒有人否認，重要的是要一步步來，對那些尚不是「最好」的便一腳踹開，永遠處於「執着」狀態，那就很難感受「快樂」了。當然，那些站在駐港部隊對立面，對軍演深感「不安」、「恐懼」的，就更難感受「幸福」了。

（原刊於 2015 年 7 月）

黃之鋒的錯字和「『不錯』的中國人」

戊、戍、戌；己、已、巳；荼、荼、茶。請問正在坐監的黃之鋒，你能分清這些字嗎？其實不用問，答案明確：肯定分不清。這位香港眾志秘書長，因衝擊公民廣場案被判入獄 6 個月。入獄前，他說，「阿媽唯一的叮囑，就是進了監獄要多讀些書」。21 歲的黃之鋒尚未完成香港公開大學的學位課程，五年前，那場反對推行國民教育科的逆流中，黃之鋒是「學民思潮」反國教遊行和集會的召集人。

黃之鋒自稱有「天生的讀寫障礙」，前幾天，他在臉書上傳一張由其繪製的監倉字畫平面圖，僅二十多個字的描述介紹中，竟然有「次所（廁所）」、「硬版床（硬板床）」、「洗手盤（洗手盆）」、「儲物廂（儲物箱）」多處錯別字，令人貽笑大方。其實，一個人有讀寫障礙沒甚麼大不了的，從古至今，被診斷失讀症的名人不少，失讀症並不影響他們在各領域的成就。不過，聽說黃之鋒曾一度大量閱讀而改善了讀寫能力，在中學二年級便逐漸趕上其他同學。可見，只要他繼續「大量閱讀」，那麼「讀寫障礙」肯定會弱化的。

有趣的是，寫白字別字錯字連篇的黃之鋒，卻在媒體寫專欄，還出版了兩本書：16 歲出版《我不是英雄》，18 歲出版《我不是細路》，人們在議論，這些文字究竟哪些是代筆，編輯為他究竟改了多少錯別字。黃之鋒常常暴露缺乏基本史識而視野狹窄的短處。他在獄中錯字連篇，這是失讀症所造成的，但多讀點書是會改善的。正如有網友留言稱，「錯別字那麼多，快在裏面（獄中）好好讀點書啦」。

「不善讀書」的黃之鋒，期望自己在獄中「一個月能看六本書」。果真如此的話，筆者建議黃之鋒在獄中先看三本新近出版的暢銷書：《中國人容易讀錯的字》、《中國人容易寫錯的字》，這兩本新書都由教育家李問渠主編的，由九州出版社出版；還有一本《這些年我們用錯的漢字》，程玉合著，中華書局出版。這幾本書教人「做『不錯』的中國人」，用正確的中國字」。如果黃之鋒還承認自己是中國人，那就先讀讀這三本書，也來做個「不錯」的中國人。

讀這三本新書，或許可避免「讀錯字」和「寫錯字」的尷尬。《中國人容易寫錯的字》一書，由容易寫錯的字、容易寫錯的詞、容易用錯的詞共三板塊組成。《這些年我們用錯的漢字》用詼諧語言分享用錯的漢字和背後的語言學知識。生活中我們常用的四字成語，雖會脫口而出，卻往往會寫錯：唉（哀）聲歎氣、一愁（籌）莫展、甘敗（拜）下風等。被稱為「天下第一錯字」的是感冒的「冒」，人們寫「冒」，上面是「日」下面是「目」，實際上，「冒」上面不是「曰」也不是「日」，而是「冃」，裏面的兩橫和兩邊都不相連，讀「mao」。古文中的「冃」是個象形字，形似一頂古人的帽子，那兩橫是帽子裝飾物。

如果把生活中犯錯最多的事排序，寫錯字、讀錯字一定位列前十。不過，像黃之鋒那般總是一寫就錯，一讀就錯，卻不多見。一個年輕的意見「領袖」在政壇不同場合不斷讀錯字、寫錯字，頻繁出錯，一錯再錯，無疑大煞風景，難怪不時聽到這樣的輿論：香港未來豈能交予這樣的「小學雞」手中？他們或許不知道黃之鋒有失讀症，但作為一個「學子」和「領袖」，還是多讀點書，補一補語言文字應用課才好。

（原刊於 2017 年 9 月）

融合衝擊

從金門「解渴」到東江「潤澤」

前幾年，每年初秋，我都應邀前往台灣台東池上鄉，觀賞「秋收稻穗藝術節」演出，在萬安社區天堂路千畝稻田區，漸層的稻田，獨特的天然舞台，藝術家在金色稻浪中央舞台，在廣闊藍天與綿延山巒環抱下演出。今年此情此景還能有嗎？不是因為疫情，日前，池上的朋友告訴我，氣象局台東測站的降雨資料顯示，半年旱情，4 月累積雨量更比去年少一半，未來旱象未解，萬安村稻田區持續乾旱龜裂。朋友說，現正值稻米生長入漿期，是需要水的高峰期，萬安村位在灌溉水圳尾端，輪灌水根本不夠，鑿井也抽不到水，缺水嚴重會造成稻米「空包彈」，影響全年稻作產量。

前一陣久旱不雨，高雄旗山農民哀嚎。玉荷包荔枝花開未結果，農民苦嘆產量最慘只剩一成。台灣正面臨 56 年來最嚴峻乾旱，步入 5 月，全台 21 座主要水庫蓄水率，至少一半水庫跌到兩成以下，日月潭也罕見探底。一向「到處都是水」的台灣，從來沒有真正珍惜、研究、探討水資源的政府和民間機構。

水是生命三要素之一，水源是城市命脈。繼「水車拉水」、「科技園鑿井」、「祈雨法會」、「分區供水『供五停二』」等抗旱措施後，台灣又出新「妙招」——發起「小便不沖水」運動。在台南市永康區路邊，有民眾在路邊拉起紅色條幅，號召全民響應。「小便不沖水，水荒救台灣！」「不怕尿臭，只怕屍臭！」宣傳橫幅上還煞有介事算了一筆賬：全台 2 300 萬人，每人小便天天沖四次水，要花掉 30 噸水，每人只要省下每天沖小便的用水，可以多活六天，「全民落實省三個月的水，可保活命一輩子」。

不過，與福建一水之隔的台灣金門，雖也面臨旱情，但金門朋友卻告訴我，當地民眾從未為生活用水發愁。缺水是金門島嶼自古常態。金門全年降雨量平均 1 000 毫米，蒸發量卻超這一數據，去年金門大旱，降雨量僅 450 毫米。不過，2018 年，福建向金門供水工程通水，金門居民不再受乾旱之苦，金門酒廠也擺脫缺水困境。今年以來，應金門水廠增加供水的要求，福建加大供水量為金門「解渴」，日均向金門供水由 1.4 萬噸，提高到 1.71 萬噸，截至今年 3 月底，福建向金門持續而穩定供水累計 1 219 萬噸。

常說「恩波遠澤」，滴水之恩當湧泉相報。台灣金門同鄉會總會長楊維居說，台灣島內缺水而金門供水無虞，可見兩岸關係好，台灣民眾福祉才會更好，「一滴水，一份情，一杯清水深入喉，滿滿溫暖在心頭」。看看對岸同胞感恩，知恩圖報，善莫大焉。

從香港南望，福建輸水送金門；從香港北眺，東江倒流潤紫荊。4 月 23 日晚，廣東廣州、深圳、珠海、東莞多地，齊齊亮燈致敬：東江—深圳供水工程（東深供水工程）建設者。之前兩天，中宣部授予工程建設者羣體「時代楷模」稱號。其實，早在 2009 年，東深供水工程入選建國 60 週年「重大經典工程」。中央為解決香港同胞飲水困難，興建跨流域大型調水工程。上世紀 60 年代，來自珠三角地區的建設者，透過人工開挖、肩挑背扛、開山劈嶺、鑿洞架橋、修堤築壩，僅用一年就建成全長 83 公里供水工程，前後三萬名建設者參與，工程又先後四次擴建，供水能力提升至建設初期的 30 多倍，滿足香港八成淡水需求。香港有東江水「潤澤」，正是「背靠祖國」得利。

不理解的是，「東深供水工程」建設者羣體獲「時代楷模」稱號，在香港，除了《文匯報》、《大公報》幾家媒體連日報道外，大多數媒體都沒報道。讓人更不解的是，還有媒體長文回顧香港供水史，揭示「香港的供水權逐步為中國大陸所掌控」，「香港真的難以獨立地供水，而必要仰賴東江嗎？我的理解是：不」，「為何香港當下確然依靠了東江？我只能說，這是政治的結果。沒有九七因素，香港很可能已擁有了供水的自主權，並繼續維持她相對於中國大陸的獨立自主」，「隨着香港靠向東江，香港水庫的功能轉為東江水的儲水庫，化淡廠也於 1978 年停產，香港不得不仰賴東江的供給。失去供水權，也代表香港的相對自主權更能被制約」，「東深工程不是純粹的供水工程，而是中國統一規劃的部分：它讓中國以供水香港為名，收回其供水權，成為中國政府掌握香港的有力手段」。

引用了這麼多，有人說，此文是「港獨」思維的評述，這或許言重了，但「借得大江千斛水，研為翰墨頌師恩」，這才是常理。有個朋友舉例說，你在困難的時候，母親給了你 100 元，你渡過困境，事後你竟然指責母親，為甚麼伸援手，不是影響我「獨立」嗎？羊都有跪乳之恩，鴉也有反哺之義。淡看世事去如煙，銘記恩情存如血。中共百年來臨，都說百年榮光，飲水要思源。

（原刊於 2021 年 5 月）

港人當兵和駐港部隊升國旗

跨進 2018 年，香港有兩條關於駐港部隊的新聞沒有太多人關注。一是一位香港女生寫給駐港部隊的一封信在網絡上刷屏；二是駐港部隊到訪將軍澳一間幼稚園探訪幼童。

先看看那封信，寫信的女生黃逸晴，是香港中文大學畢業生，她是第五屆香港大學生「軍事生活體驗營」一名學員。2017 年夏天，她給駐港部隊官兵寫信，告訴他們自己成了香港青少年軍總會的一名小教官。作出這一決定，正是源於兩年前在香港昂船洲軍營碼頭的軍事生活體驗，那段與駐港部隊深入接觸的經歷，讓她下這決心要讓更多香港年輕人了解祖國。她在信中說，「親愛的班長，不知道你還記得我嗎？如果不記得也沒有關係……我是香港 700 萬人中一位默默關注你們的女孩」，她說，她當年剛到軍營時內心「很緊張」，13 天後要離開了，卻「依依不捨」而「流淚了」。「你們教會我們堅毅，不放棄，不低頭」，「我寫這封信是想跟你們說一句，你們辛苦了，我愛你們」。

這是一則洋溢溫馨的故事，日前經中央多家媒體報道而在內地熱傳。再說說另一條新聞。1 月 10 日，解放軍駐港部隊 40 餘名官兵到訪將軍澳厚德邨一間幼稚園，開展「關愛幼童」活動。官兵們表演槍械操、歌舞、器樂等節目。在國歌聲中，全體官兵及小朋友一同見證升旗儀式。小朋友江子揚誇獎解放軍「好有型」，很開心看到解放軍的表演，自己最喜歡「轉槍」（槍械操）環節，回家後會告訴父母，自己與解放軍有近距離接觸。

黃逸晴參加的大學生「軍事生活體驗營」舉辦了七屆。據悉，香港回歸 20 年來，駐港部隊已組織 29 次軍營開放，近 68 萬人走進部隊；舉辦十三屆青少年軍事夏令營，培訓 3 000 學員，讓青少年對國防、對國家有所了解。至於「關愛幼童」活動，今次已是駐軍自 2007 年以來第十一次。近日，這兩條新聞又激起一些港區人大代表和政協委員的熱議。距離 3 月全國人大和政協「兩會」尚不到兩個月，「開放港人當兵」、「由駐港部隊擔任升旗任務」兩個老話題再度翻炒。

「開放港人當兵」已呼籲多年。許多香港青年流露出參軍熱情，有學生家長曾向中央駐港機構及駐軍建議，要求接受香港 18 至 25 歲青年人參軍入伍。也有港區人大代表、政協委員屢屢遞交相關提案，更多次提及在內地上學的香港大學生參加軍訓、服兵役等建議。2017 年，國防部發言人曾對此回應稱，中國兵役法並非在香港適用，內地的兵役制度目前並沒列入《基本法》附件三，港人服兵役目前尚無相應法律和機制等方面條文。

據知，中央一直重視港人參軍的問題，並要求相關職能部門研究港人參軍的法理依據。港人參軍既是他們的權利訴求，也是國家義務。港人如有機會服兵役，有利於促進港人從地區居民向國家公民的回歸。如果說港人參軍目前沒有相應的法律和機制，那為甚麼不能盡快推動相關立法，修改相關法律，允許港人入伍參軍？

再看「由駐港部隊擔任升旗任務」這一議題。天安門廣場升國旗，使命神聖，職責光榮。中國人有很強的國旗情節，升國旗從本質上來講是國家觀念的鍛造、國民身份的培育、民族文化的認同。2018 年元旦，北京天安門廣場，隆重的升國旗儀式，首度改由解放軍擔負。守衛國旗 35 年的天安門國旗護衛隊結束使命，成為歷史。元月一日起，由人民解放軍擔負國旗護衛和禮炮鳴放任務。

這一調整是在國家司禮層面的標誌性調整，主要出於集中展示解放軍形象的需要，是在新時代展示強軍風采。解放軍擔負保家衛國責任，國旗正是最重要象徵。升旗儀式是「中國軍隊的名片」，這一儀式有七方面重大改變，體現更精細的設計和日益成熟的自信。

一些港人從天安門廣場升旗儀式改變聯想到香港，提出香港重大活動應由駐港部隊擔任升旗任務。香港回歸紀念日 7 月 1 日早晨，在金紫荊廣場會舉行升國旗儀式，升旗、護旗和樂隊等都是香港警察執行，且帶有英式傳統，應該改由駐港部隊負責升國旗儀式，這可展示國家主權。其實，2017 年 3 月全國「兩會」期間，全國政協委員、《基本法》研究中心主席胡漢清曾有相關提案：升國旗應交由保衛國家安全的軍人執行。他認為，升旗不是執法，並不違反《基本法》，至於日常的升旗禮則可展開公眾諮詢而再作定奪。又臨 3 月「兩會」，話題再度熱議。

（原刊於 2018 年 1 月）

陰謀論熱炒「三中商」話題

都說香港人健忘，還說香港人對新聞的熱度只是三分鐘，香港人對舊聞不感興趣。這看來不對了。三年前的一條舊聞，在沒有任何新的內容下，重新包裝「揭秘式」推出，製造話題，竟然在社會上被熱炒熱議。

事緣前不久老牌節目《鏗鏘集》拋出陰謀論，重新熱炒「三中商」（三聯書店、中華書局、商務印書館）三大書局和出版社所隸屬的聯合出版集團，「幕後大老闆」是香港中聯辦全資擁有，即中聯辦透過內地公司「廣東新文化事業發展」，再間接控制「三中商」。其實，三年前香港《壹週刊》就有相同報道。另有媒體稱該集團共有 52 間門市，聯合轄下擁有多間書籍出版、發行、印刷及零售公司，佔整體市場八成。

《鏗鏘集》這檔香港電台電視部製作的新聞紀錄片電視節目，如此熱炒舊聞，自然有它的用意，指「這些文化機構幕後操盤人是中聯辦，紅色之手已悄悄伸入香港文化界」，從而散播中央插手香港文化的白色恐怖，要揭露「中聯辦一手控制香港最大書商的出版、物流和門市」，用「中聯辦書店」為「三中商」冠上新標籤。有媒體仿效便利店廣告口吻，以「紅色書店，總有一間喺左近（在附近）」妖魔化，大商場和機場客運大樓有「三中商」書店書局是「犯了滲透罪」……一些網絡媒體和專欄作家隨即跟風熱評。奇怪的是，一條舊聞就這麼鬧得風生水起；同樣令人生奇的是，十多天過去了，「三中商」竟然沒有一紙表態反駁。

隨手選一篇發表在日報上的評論〈中聯辦書店〉，作者是香港一所大學新聞系的呂姓高級講師，他在文中引述稱，在「1996年至2004年曾任職至三聯書店總編輯的李昕，寫過〈我在香港做出版〉一文，披露了『黨交付工作』的一些細節」。

退休後身在北京的李昕，當天就讀到這位講師的文章，翌日就跟筆者表明：

「我從來沒有講『黨交付工作』。老實說，我在香港工作八年，從來沒有接到過上級(聯合出版集團和中聯辦)的甚麼指示，要我們出甚麼書，或者批評我們甚麼書出版得不對之類。香港是有充分出版自由的，包括我們『三中商』這些中資企業，出甚麼書，不出甚麼書，從來不受政治干預。我們是充分市場化的企業，上級也從來不給我們撥款，一切都由我們自負盈虧，自己決定出版項目。至於我文章裏面說，三聯出書要『旗幟鮮明』傳達中方立場，這是我本人作為中企出版企業負責人必須具有的自我要求，並沒有上級部門命令我們必須這樣做。三聯作為一間有歷史傳統的中資出版機構，從來都以自覺承擔社會責任為己任。我在香港三聯8年，確實沒有按照甚麼人的指示出版過甚麼書，一本都沒有。我們也出版了一些《香港特別行政區知多少》、《鄧小平論「一國兩制」》等介紹國家對港政策的書，那也是因為社會和市場有這種需要，我們根據需要自己策劃出版的。」

好了，李昕說，他根本沒有寫過那位講師所引用的文字「黨交付工作」。作為傳媒學的一個教師，此君如此「引用」而撰文是令人可怕的。這樣的講師卻在香港教授一批又一批新聞系學生怎麼採寫新聞，還在培養諸多中學生如何當「小記者」。

121 歲的商務，106 歲的中華，86 歲的三聯，都是響噹噹的歷史悠久的品牌。從聯合出版集團，就聯想到華潤、中銀，沒有人會追根究底，它們幕後是誰。以華潤為例，今年 80 歲的華潤，前身是於 1938 年在香港成立的「聯和行」華潤公司，隸屬關係曾由中共中央辦公廳、中央貿易部、商務部、外經貿部、國務院國資委直接監管，如此國有重點骨幹企業在香港發展，你能質疑它的生存、發展是「恐怖」的嗎？你能指控「紅色之手已悄悄伸入香港金融貿易界」？你怎麼就不揭露它們如何完成「黨交付工作」？

一位區姓的前傳媒工作者竟然撰文說，每次走進「三中商」他就「會感到心寒」。他可以選擇不進入，香港有那麼多二樓書店，更是報攤滿街，尖沙咀一條海防道就有兩三家，醒目處都是揭批中共領導人的所謂「黑幕」，這些胡編亂造的書沒令他心寒，頗具文化品牌的「三中商」卻令他「心寒」。香港有行動自由，他的腳可以選擇去哪不去哪。

同樣，香港不是也享有出版自由的嗎？只要不違法，出版甚麼書，銷售甚麼書，原本就是由出版社、書店決定的，他們的政治理念當然決定了甚麼書可以出版，甚麼書不願意發行。如果美國在香港巨額投資，成立比聯合出版集團更大的出版發行商，你會對它不滿而指責是「滲透」嗎？如果美國一些所謂民主基金會資助出書，受資助方會出版歌頌中共唱好中國的書籍嗎？港獨的書、佔中的書賣不好而沒有市場，能怪罪是「三中商」的書賣得太好，是一種「封殺」、「打壓」嗎？

（原刊於 2018 年 6 月）

從中學取消升旗禮說起

先說說香港中學升旗禮事件。

佔中運動期間，位於新蒲崗的李求恩紀念中學，那天原定早上的國旗升旗禮被取消了。當下，一些中學學生組成政改關注組，在學校抵制升國旗禮。這些學生在校園升國旗時，嘴戴口罩，背向國旗，拒唱國歌，雙手交叉表達「不」。校長賴炳華坦承，有教師對升旗禮憂慮，有學生對升旗禮反感，於是，校方決定安排一小時給學生當場辯論，解釋自己理據，最後舉手投票，「公投」決定，是否還舉行升旗禮。結果顯示，反對升旗禮的略多過贊成的。升旗禮就這麼被取消了。

這是香港《明報》10 月 8 日的報道。這位校長還說：作為教育工作者，「要時刻保持中立，保護學生言論自由，因此完全尊重學生以任何方式看待升旗禮」，「當代學生發起社會運動出發點很好，年輕人要浪漫一點和激情一點」。

過了八天，即 10 月 16 日，香港《大公報》針對《明報》的報道再度作採訪，報道說，校長賴炳華澄清，「學校並沒有取消升旗禮，而是希望學生理性討論，真正明白升旗禮意義」。「當日在高中生之間所作投票，結果是棄權票居多，初中照常完成升旗禮，高中則舉辦其他討論活動」。從這一報道的字面理解，高中生最終還是取消了升旗禮。校長賴炳華接受《大公報》訪問時，批評佔中發起人煽動未成年中學生參與街頭運動。他表示，學校希望透過討論升旗禮，讓高年級學生有真正的國民身份認同。讀者是相信《明報》的報道，還是《大公報》的報道？一般而言，8天後的再報道，應該準確些。

不可否認，每年才幾次的升旗禮，最後還是被取消了。是否要升旗禮，交由學生討論，校方的這一決定，無疑是草率而愚昧的。這不是民主不民主的問題，這裏也不需要甚麼民主，為甚麼學生是否要學英文，不交由學生舉手表決？為甚麼要不要給學生回家作業，不交由學生舉手表決，唯獨升旗禮要學生表決？教育與受教育，這是一個基本點，與「民主」與「不民主」何干？你可以對執政的中共不滿，但不能去中國化。今天香港學校，從大學到小學，出現一種令人詫異的現象：校長怕學生，教師怕學生。看今天香港學生，會想到當年內地文革，學生造反有理而革命無罪。

參與升旗禮，原本就是對神聖的五星旗、特區旗的尊重，對共和國的敬禮。晨曦中，旗子冉冉升起，旗下人神情肅穆，接受心靈洗禮。香港教育局網站設有「學校升國旗專題」，表明為加強學生的國民身分認同，鼓勵所有學校在每年6個指定日子，即元旦、七一回歸紀念日、十一國慶日、學年開始首日等日子，升掛國旗及區旗。據悉，回歸後，香港有個升旗隊總會，400多間會員學校有了專業的學生旗手。

在李求恩紀念中學升旗禮事件前8天，即10月1日共和國國慶節，香港佔中運動踏入第四天。特區政府早上8時在灣仔金紫荊廣場舉行國慶升旗禮，當五星旗升起時，中學生「學民思潮」召集人黃之鋒，帶領一幫學生成員，轉身背對國旗，雙手交叉高舉默站，以示對共和國對北京說「不」。有人說這是「青年抗爭」、「青春禮贊」。

令人難以理解的還有，2014 年不少學校對國慶 65 週年活動趨於低調，教育工作者聯會調查發現，15% 受訪教師指學校今年沒有舉辦國慶活動；僅 52% 學校有舉行國慶升旗禮，2013 年是 67% 。時下，利用早會或週會舉行國情專題活動的學校比例，較 2013 年減少 10% 。

看一看考評局公佈的通識科部分考生一些千奇百怪的答案，或許就明白時下的通識教育是怎麼一回事了。素有讀寫障礙的黃之鋒，面對傳媒伶牙俐齒。有消息說，「腹中空」的他，從小學四至六年級，默書及格次數不足 10 次，卻獲香港教協「司徒華教育基金」頒發好學生獎，在文憑考試中失手，「通識科」卻獲高分。

有學校在初中中文測驗中，強迫學生答「警方草菅人命」才能得分，學界慨嘆語文教育被政治化而「可悲」；有任教幼稚園的老師，在佔領區向小孩子們講故事，討論警方施放催淚彈是否能接受，有人直斥這些才是真「洗腦」。

佔領行動持續一個半月，大中學生為主的年青人是主力。據知，中南海一位高層人士，在談到香港佔中時說，香港回歸 17 年來，在四大領域的工作是值得反思的，基層工作、青年工作、統戰工作和情報工作，「青年問題」是重點之一。另據知，特首梁振英 2015 年 1 月發表的《施政報告》，會有意在青年人工作上多花心思和筆墨，政府有意向學校通識科「開刀」，增加《基本法》

和「一國兩制」內容，消息傳出，正激起「重推國教」的抨擊。

幾十個年青人面對升旗禮，背向國旗，拒唱國歌，雙手交叉，在電視鏡頭中，有內地遊客目睹這情景，悲憤而當場流淚。她哭的不是整個這一代香港青年人，而只是被一些媒體「禮贊」的這一青年羣體。

（原刊於 2014 年 11 月）

滬港溝通　從心開始

這兩天，上海成了香港人聚焦點。

在事前毫無徵兆下，國務院總理李克強宣佈，香港與上海兩地股票市場實施互聯互通交易機制（即滬港通），兩地資本市場實現雙向開放。這是他 4 月 10 日在海南博鰲亞洲論壇開幕禮上致辭時宣佈的。我在現場聽聞總理這一宣佈，頓時一愣。當時的場景中，可以感覺到總理是頗為興奮而自豪的。我意識到，港股要亂飆了。果然，是日港股隨即炒上，恒指收市倒升 343 點，升至 1 月來高位，成交罕有增至逾千億港元，是 5 個月來最多，足見市場的反應樂觀而興奮。

「滬港通」是具里程碑意義的大事，既標誌中國資本市場對外開放邁出一大步，也彰顯中央對香港的信任和支持。「滬港通」對於港交所和上交所可謂雙贏。香港金融發展邁入新階段，在連接內地與世界的橋樑作用更形突顯。值得關注的，是「滬港通」乃國家就推進人民幣國際化的目標和部署，邁出了實質一步。

記得七年前，一度傳聞中央要出台「港股直通車」，開放內地資金進入港股市場，引來無限憧憬，後曾由國家外管局公佈。不過，始終只聞樓梯響。據後來的事實擺明，當時連香港當局也未獲充分諮詢，事態鬧得沸沸揚揚，最終因可預測將對香港和內地捲起一陣金融風暴，而由時任總理溫家寶叫停。直通車終於爛尾，但港人仍引頸以盼，何日君再來。今次「港股直通車」化身「滬港通」，並將於六個月後開行，必經深思熟慮，不可能重蹈覆轍，重演當年一幕。

雖然「滬港通」性質上屬於「直通車」，實際是規範化、制度化的「港股直通車」。當年是內地居民單向買港股，「滬港通」則是內地合資格居民可以購買港股，香港股民可以投資上海股市，實施運作會出現兩地股市相互影響的效應。

股市是香港作為國際金融中心的重要體現之一，資金穩定流入是保持股市交投活躍的重要保證。此舉顯示中央有信心讓香港繼續扮演深化改革的試驗平台，也有利香港發展成為離岸人民幣業務中心，讓香港投資者分享更多實惠。另一方面，國家正着力推動新一輪改革開放，金融改革是重中之重。「以開放倒逼改革」，「開放也是改革，開放促進改革」。相對於香港，A 股還是一個封閉市場，不夠成熟，也不夠規範。「滬港通」打通滬港兩個股票市場，實現與國際接軌，為內地資本市場進一步開放作嘗試。與監管相對成熟的香港市場互通互聯，對 A 股的法制規範、交易規則乃至投資理念等，都是強制推進和提升的過程。A 股將發生怎樣的變革，人們期待着。

當年「港股直通車」與今日「滬港通」最重要分別，在於前者因應當時情勢需要，側重「排洪」，減輕人民幣升值壓力；後者則是強化上海與香港的金融中心地位，為推進人民幣國際化服務。於是，「滬港通」就由金融事務把兩地擰在一起：「1+1 要大於 2」。「滬港通」涉及的不僅是股票炒賣，兩地股市相互影響，關乎軟件配置，涉及兩地文化、習慣、思維，甚至意識形態以至約束公權力的操作，需要相互磨合，這無疑是一種豐富「一國兩制」的實踐。

「滬港通」是一種溝通，是兩地的溝通。溝通是人們生存、生產、發展和進步的基本手段和途徑。溝通也是人與人之間、人與羣體之間，思想與感情的傳遞和回饋的過程，以求思想達成一致和感情的通暢。溝通是人類集體活動的基礎，是人類存在的前提。

這兩天，香港人聚焦上海的，不只是「滬港通」，還有與宣佈「滬港通」相差一天的議員訪滬。50 多名香港立法會議員，經一番折騰，終於啟程。這也是一種滬港溝通。

自香港特首梁振英宣佈中央安排全體議員赴滬的消息後，反對派議員先是要求知悉將會會面的中央官員名單，並要求與中央主管港澳事務及政改的官員見面；之後又要求單獨與中央官員座談。中央將所有立法會議員當作客人和嘉賓予以禮遇，特別對反對派議員的「横生枝節」的種種「特殊要求」一一應承。

好客與做客之道，乃中國傳統文化的組成部分。宋范仲淹《淡交若水賦》：「如切如磋，自契激揚之義；同心同德，孰分清濁之姿。」這是君子之道。「好客」，主人熱情款待客人；「客好」，嘉賓尊重理解主人家。作為客人，做客聽從東道主安排，恪守做客之道，是基本禮儀。反對派議員要獲得尊重，首先要懂得尊重別人，尊重客人家的規矩，有些事不做，有些話不說，一些泛民主派議員，重點不是與中央官員談香港普選嗎？那就應該珍惜溝通良機，不牽涉其他政治話題，以理性務實態度參與今次上海之行。遺憾的是，有那麼幾個泛民主派議員，只是「扭擰」，小動作頻頻，政治上作秀，結果沒能參與見中央官員交談普選。

「滬港通」，是一種溝通。議員訪滬，也是一種溝通。溝通，代表兩地或兩地人相互之間的理解和信任。人類社會，溝通不可或缺。溝通，必須小心應對、用心體會，「從心開始」才是兩地或兩地人溝通的基石。

（原刊於 2014 年 4 月）

內地小童在香港隨地便溺的法與情

沒想到「一泡童尿」竟然掀起激辯大潮，引發社會話題，「被升級」為香港與內地兩地民眾的罵戰。4 月 21 日，一則視頻在網上瘋狂轉發：4 月 15 日，一對內地夫妻在香港旺角街頭讓小孩在路邊小便，引來幾個香港青年不滿，有週刊記者用智能手機拍攝，隨後引發雙方推撞衝突。

日前，香港警方還原了事件真相：涉事人共三男一女，29 歲王姓男子和 28 歲吳姓男子，以及一對內地夫妻，即 33 歲葉姓男子和 29 歲傅姓女子。內地夫妻讓 2 歲孩子當街小便，引起路過的王姓男子不滿，他用智能手機拍照，葉姓內地男子發現後前去制止，並搶其手機，奪其記憶卡。路過的吳姓男子見到這一場面，想去阻止葉姓男子，而內地傅姓女子則用嬰兒車去推撞吳姓男子。警方認為，葉姓男子因搶別人手機涉嫌盜竊、傅姓女子因用車撞人涉嫌襲擊被警方帶走。經調查，葉姓男子被無條件釋放，傅姓女子則獲保釋，需 5 月中旬再來香港警方報到。

警方澄清，網上傳說這是 2 歲女童，其實是男孩；男孩是小便，而不是香港一些主流媒體故意誇大說是大便；也不存在傅姓女子怒打前來制止的路人耳光的情節。

從視頻中可看到，有路人指責孩子父母，孩子被嚇得哇哇大哭，現場混亂。孩子母親不停安撫哭鬧的孩子，情緒激動，對向她指責的人羣解釋，稱「自己的孩子都快尿褲子了，讓我怎麼辦」。實際上，瘋傳的這段視頻，隱瞞了父母主動帶小孩去衛生間排隊很久，直到小孩終於憋不住的事實；隱瞞了小孩尿尿時母親專門用紙尿布接住的舉動；隱瞞了母親還把紙尿布裝入行李袋的細節。

在大街上隨地大小便，當然是一種不文明行為。在香港，2歲孩童在公眾場合便溺是否犯法？成人當街拍攝2歲孩童私處是否犯法？在過去幾天的媒體和網絡激辯中，都表述的很清楚了：依據香港法律，孩童的行為顯然違法，但一刀切規定沒有排除符合情理的「特殊方式」；拍攝孩童私處是涉嫌犯罪，那位父親「爭奪」相機記憶卡，行為正當。

熟悉西方相關法律的學者郭濟士表明：在美國，隨地便溺違法，但並非一刀切，有時被告能以「忍無可忍」的「私人必需」的理由抗辯。紐約1961年的 *People v. Carter* 案，是美國各州一個有用的參考案例，當時紐約上訴庭推翻了被告隨街便溺的控罪，理由是「對於被告行為是否出於『瞬間和難以預測的生理失控』，存在合理懷疑」；而在1991年另一宗涉及隨處小便的案件 *People v. Cooke* 中，紐約法院則在裁決中強調，「不能僅因為被告在公眾地方小便，就確定他『破壞公眾秩序行為』罪名成立」。在歐洲，身處公眾地方便溺是違反英國刑事法的，但由於在英國只有10歲或以上的人才須承擔刑事責任，因此小孩當眾小便，只要未滿

10 歲，也不會被檢控，而英國警員對幼童在公眾場合小便，也往往睜一隻眼閉一隻眼，小孩的忍耐力畢竟難以與成人相比。

人有三急，何況孩子？雖違法隨地便溺，但這些案例都不認同一刀切處理，而是強調應當考慮當事人有否存心破壞公眾秩序或冒犯他人意圖，以及是否曾設法避免在公眾場所便溺。人要反思「法律不外乎人情」，法律富含人性化，一般不會超出人類社會的情感之外，即基本符合社會倫理道德和人的思想感情，在甚麼情況下應當予以酌情體諒。

當下，有內地網民「北冥一」在天涯論壇發起「罷遊香港」行動，聲稱從 6 月 1 日起，所有內地人都不要來香港旅遊，「我們用腳投票，當大陸人完完全全的兩三個月不去香港，香港人就要求爺爺告奶奶地要求我們去旅遊了」。也有香港網民聞之竟然「歡欣鼓舞」，指以後終於可以清靜，不必忍受內地遊客帶來的擁擠市區了。

香港一些名記名嘴名主持，長期來自恃觸角敏銳而「權力面前講真話」，對此事件卻借題發揮，火上澆油，挑動香港與內地對立情緒。時下，少數香港人湧動一股厭中恐共的思潮，如此對小童便溺刻意挑事，自有用心。其實，在香港，這類事件時有所聞，更激烈的行為也有的是，在社交網站 Facebook 、高登等平台上，激烈聲音不絕於耳；大大小小的反對內地自由行同胞的遊行；一位內地女生在香港遭遇車禍遇難，網上竟有不少激進的香港人拍手稱快……

「罵戰」不能解決問題。涉及香港和內地矛盾的事件，正是文化差異、制度差異所致，需要雙方具備更大的包容性。化解矛盾的有效方法，就是保持理智，學會克制，冷靜而理性看待雙方的制度和文化差異，各自多審視自身不足。

孩童有急，父母也採取了措施，為甚麼不能多點理解和同情呢？對一個兩歲孩子而言，他的「衛生間」不就是尿布嘛。每年有成千上萬遊客來港，小孩街邊便溺難免發生。不文明的內地遊客只是極少數人，正如拿相機拍攝小孩私處的也只是個別香港人。兩地媒體和網民能多些客觀、多些寬容，隔閡才會逐步消失，挑事者才難以得逞。

（原刊於 2014 年 4 月）

削減自由行話題再成焦點

盛暑，香港特區政府總部外，「新民主同盟」二十來人在示威，抗議因自由行遊客過多，導致新界區游泳池擁擠爆滿，泳池衛生狀況也越來越惡劣，這些抗議者稱，當前由「一簽多行」入境香港的深圳旅客，每年有 1 200 多萬人次，而香港有限的公共設施，卻由內地遊客佔用，要求盡快取消入境「一簽多行」政策，以減輕香港公共設施負擔。

深圳公共泳池收費比香港貴一倍，泳池硬件和服務卻比不上一河之隔的香港，香港泳池水質乾淨，服務設施完善。入夏，深圳市民扎堆去香港游泳是「新興風尚」。有港媒聲稱，香港部分泳池及沙灘，超過七成泳客是內地人。內地客不注重個人衛生，隨地便溺所帶來的衛生問題，往往令泳池因清洗而被迫緊急關閉，這比人滿為患更令港人困擾。不過，這些數字和對內地客的結論，只是這幾家媒體的「感覺」而已，始終拿不出令人信服的真憑實據。

「新民主同盟」承認，沒有實質的統計數字，難以僅僅從口音去分辨泳客究竟是香港人還是內地人，更難以證明泳池中的糞便是香港人還是內地人留下的。但他們認為，7 月中旬，廣東《南方都市報》載文推介讀者夏日跨境去香港游泳，他們掌握的數據顯示，「這篇報道刊登後，香港泳池人數劇增」；「大陸人不注重個人衛生的『便溺文化』，已是人所共知」；「香港有 43 個公眾游泳池場館，上水游泳池最接近深圳羅湖口岸，上月已發現糞便多達 30 次，佔香港所有泳池發現糞便總數的二成四」；「《南方都市報》載文推介前，僅發現 3 宗糞便紀錄，載文推介後 15 天內已發現糞便紀錄 8 宗」……

僅僅憑這些數據得出的結論，應該說並不嚴謹，憑甚麼能斷定這些行為肯定是內地客所為，黃大仙斧山道游泳池發現糞便的數字位居全港泳池第二，緊跟着上水泳池，但它遠離口岸，並非遊客區。「新民主同盟」如此盲目指控，只是藉炒作內地與香港矛盾，以達到某種政治目的。作為開放的旅遊城市，香港應歡迎善待各地旅客前來享用各種設備和服務。你聽說過美國、法國禁止外國人在泳池游泳嗎？

月前，對內地人來香港自由行個人遊的喧譁爭議中，要求「控制內地旅客來港增幅」的話題，一時甚囂塵上。不過，近二三十天，在政改普選的躁動中，自由行的話題漸趨淡靜。7 月末，「新民主同盟」在政府門前示威，將控制自由行話題再度熱炒。

早些時候，內地 3 歲幼童在香港當街一泡尿，濺起香港人的傲慢與偏見，這段視頻抨擊內地遊客行為粗俗暴戾，香港反自由行的趕客聲浪，夾雜着香港奶粉限購、內地人赴港生子、內地學子入香港名校就讀……種種議題，令兩地矛盾不斷升溫，最終輿情呈現一面倒反自由行。一時間，香港「飽和論」四起，一些市民的不滿情緒，經部分主流媒體渲染激化，更遭鼓吹本土主義、厭中恐共、香港獨立的激進人士利用，挑撥兩地矛盾，鼓噪多起針對內地客的挑釁行為，包括「蝗蟲」罵戰、「驅蝗示威」、「拖篋慢行」等辱客行動接連發生。遺憾的是，近年有不少人將這一切都歸咎自由行之過，要求削減內地遊客人數，幾乎沒有人正視削減會帶來的經濟影響。

8 月 5 日，終於有了一種聲音：如果削減 20% 自由行個人遊旅客，會令香港生產總值損失逾 400 億港元，造成至少 1 萬人失業。有統計說，自由行購物額 10 年飆升 11 倍，內地客養起三分之一香港零售業。排斥內地客言行，已在事實上造成趕客效果。有消費能力的內地客，都不會喜歡看香港那些本土主義者的嘴臉。內地一項網上調查顯示，約七成受訪者表示，未來一年沒有訪港計劃，其中逾四成人的理由是「不想被港人歧視」。

這是一個警號：5 月 1 日赴港內地遊客數大減一成二，內地客訪港人數錄得自由行政策實施以來首次負增長。香港批發及零售業界的報告顯示，2014 年 2 月起，總銷貨額較 2013 年下跌，香港 6 月份零售業總銷貨價值較上年同月下跌 6.9%，零售業連續五個月錄得同比下跌，正踏入「寒冬期」。

關於削減自由行的議題，經歷了從喧譁爭議到逐漸沉靜的過程，這反映了社會從政治狂熱回歸現實理性，慎重思考內地客對香港經濟的舉足輕重作用，不再被激進人士的「呼聲」牽着鼻子走，認識到若在自由行上設限，無異於作繭自縛，與之相關的旅遊及零售業將深受其害，香港整體經濟亦難免受痛。其實，香港的根本問題是經濟結構。香港人長年來好賺快錢，才形成香港經濟今天的嚴重缺陷，過於依賴遊客的態勢遲早要扭轉。但一時趕客，道義上不公，經濟上不妥，香港人不能不承擔內地遊客帶來的生活壓力。香港應該儘快在鄰近深圳的一隅，開設購物城，分流內地遊客。香港政府目前尚未對自由行如何「落刀」有定案，人們等待着。

（原刊於 2014 年 8 月）

港青身份只有一個：中國人

好友屈穎妍歐遊半個月回到香港，她和家人跑了幾個國家，最大感悟是中國真的變成大國了。她說，從前外遊最多見的文字，除了當地文字和英文外，就是日文，今天日文都換成中文了。去德國廁所，門外寫德文「男」和「女」，沒有圖，不懂分辨，幸好發現旁邊有個小小的手寫中文字「男性」和「女性」，德文以外的外文就只有中文。參觀猶太人死亡集中營、地底鹽礦、歐洲最大鐘乳石洞……面對香港遊客，德國導賞員解說時用的是普通話，沒有用廣東話。在餐館晚餐，店主說今晚客人來自五湖四海，他興奮地為大家高歌一曲，為美國客人唱的是英語歌，為香港客人唱的是普通話歌。

屈穎妍說：「你一副臉孔，根本不容你逃出『中國人』三個字的手指縫，無論你如何本土，怎樣愛港排中，一再向別人表白自己是香港人，人家一律將你歸入中國類。或許你以說普通話為恥，以被稱為中國人為辱，但一離開自己的土地，你的身份就只得一個，就是避無可避的『中國人』」。

屈穎妍的情緒發洩，正是針對香港那幫熱衷「本土」、「港獨」的年輕人，被香港中文大學前校長劉遵義怒斥的那批「被寵壞的小混蛋」的大學生。如今，年輕人不關心國家，或許是世界一種潮流，但不關心不等於可以不認同自己的國家。在香港，回歸後，一些香港青年心態浮躁，焦慮盲目，捂着眼睛，塞着耳朵，怨天怨地，一些在「五星旗」下出生的青年，對中華觀念薄弱，更對國家有抵觸情緒，片面強調「兩制」，忽視「一國」，把「高度自治」視為「完全自治」，更有一些激進年輕人追崇本土勢力、港獨分子，挑起兩地摩擦，鼓吹「城邦自決」、「香港獨立」，挑戰一國兩制原則底線。

香港中文大學傳播與民意調查中心最新一次調查港人身份及國家認同，結果表明，近四成 80 後自認「香港人」，8.9% 香港人自認「中國人」，是歷年調查新低；香港人對國旗、國歌的抗拒比例也創新高，分別是 13.7% 、 13.9% 。在過去的日子，看到香港一些年輕人國家觀念薄弱，更有人揮舞龍獅旗、吶喊要港獨，中央和特區政府深感不滿，香港青年工作出了問題。日前，特區政府一日內撤換兩名問責局長，其中一位正是主理青年政策的民政事務局局長曾德成，他究竟為甚麼被撤換，可謂公說婆說都說不清，但他對青年工作不夠積極進取，確是誰都不否定的。當然，青年問題也不是一個民政事務局所能解決的，青年政策勢成中央在港的「長期戰場」。

在經歷了佔中、反佔中以及香港社會的撕裂和彌合後的第一個暑假，香港踏入後佔中、後政改時代，特區政府聲言，當下政府工作重點是關注經濟民生和青年工作，從中央到特區政府到建制社團，開展青年工作的籌劃時有所聞。

8 月 8 日，2015 年「尋根之旅 · 四海一家」海外華裔暨港澳台地區青少年大聯歡，在北京人民大會堂舉行，來自 54 個國家和地區的 3 400 名青少年中，1 800 人來自香港，他們組成「香港創業創新交流團」全程參與活動。國家旅遊局披露，2015 年上半年，已組織 7 000 名港澳青少年赴內地遊學，行程多以「兩岸三地學生互相交流，提升歷史知識以及國情認知」為主旋律。由中華青年進步協會主辦的「中華青年民族學習交流營」，以「情繫中華．民族興」為主題，行程 12 天，一行 140 人於 7 月底出發前往抗戰根據地之一吉林。近千名香港青年透過香港青年交流促進聯會「粵港暑期內地實習計劃」安排，赴廣州、深圳、佛山、中山和東莞等市為期一月實習……

不過，這一系列活動，卻被香港某些勢力視為「洗腦教育」，反國教科的民間團體也加碼抵制「洗腦滲透」。「學民思潮」在反國教科後，3 年間不斷舉辦公民教育工作坊，平均每月接觸百名中學生，暑假再辦「國情知民大學體驗夏令營」。學民思潮、國民教育家長關注組等團體 8 月舉行數場座談會，剖析當下教育狀況，包括青年軍滲入課外活動、法團校董會等學校管治問題，同時公佈一份聯署，呼籲市民提防滲透在「暗角」，羅列上半年滲透到校園的「洗腦教育」，包括年初成立的青少年軍、教育局 4 月出版的《基本法》教材……

面對內地經濟發展的大趨勢，香港年輕人卻對北上發展卻步。香港智經研究中心的一項調查表明：64.7% 受訪香港青年不願去內地就業，願去的僅 33.2%。不過，毗鄰香港的深圳前海最近越來越亮眼，這片土地開始引發香港年輕人關注，這片土地是年輕人創業寶地、圓夢樂園。在剛結束的「2015 深圳國際創客週」

分站中，唯一以深港元素為核心的創客盛會 —— 深港（國際）青年創客營暨前海「夢想 +」聯盟啟動儀式上，來自香港的 31 個創客團隊拿到了象徵入駐青年夢工場的「大鑰匙」，開始辦理進駐手續，領取真正可打開創業「夢想之門」的夢工場門卡。

築夢港青，港青逐夢。身為中國人的港青，加油！

（原刊於 2015 年 8 月）

叫「球賽」太沉重

足球從未低頭，和諧不容踐踏。這是容納八萬觀眾的巴黎法蘭西體育場發出的強烈信息，法國隊和德國隊一場友誼賽蒙上恐怖襲擊陰影。不過，面對恐襲，世人卻展示了「生命和體育依然會繼續」的風采。四天後，香港旺角足球場，中國國家足球隊（下稱「國足」）與中國香港隊（下稱「港足」）上演「陸港大戰」。開賽前，全場為法國恐怖襲擊默哀一分鐘。

雖說這場球賽早已落幕，港足守和國足，雙方打成 0 比 0，各得 1 分。港足踢出水準，也踢出風格，港隊球迷穿上港隊球衣，蔚成一片「紅海」，團結撐港。兩隊互交白卷，港隊繼續小組領先國足排第二位，以 3 分領先少打一場的國足。2018 年俄羅斯世界盃亞洲區外圍賽，國足與港足恰巧編在同組，出現國家隊與特區隊「內鬥」趣局。

當下甚麼都會政治化的香港，一場足球賽已承載太多劣質政治的因素。陸港這場大戰，可謂一票難求，有球迷在網上以 3 000 港元求買票，比正價貴 19 倍。旺角足球場能容納 6 600 多球迷。早前，香港足總收到中國足協通知，基於安全理由，500 張客隊門票因故作廢。為賽事保安，防止球迷滋事騷亂，香港警方派出 1 200 警力，在球場外巡邏戒備。香港足總會在球場內劃出專區給作客球迷，就連洗手間都分隔開，供內地和香港球迷分別使用，避免衝突。

大戰在即，當共和國國歌在球場奏起時，全場噓聲一片；有球迷肆無忌憚，竟然背向球場；有球迷手持寫上「BOO」的白色紙牌，喝倒彩聲震天；有香港本土成員舉起用英文書寫的「香港不是中國」、「我不是中國人」標語。在球場外洗衣街兒童遊樂場，開賽前半小時，約 200 名激進球迷，沒有理會警方勸喻，乘機叫囂鬧事，揮舞港英龍獅旗，叫囂「港獨」，召集人何志光不時高呼「中國人滾出香港」、「中國必敗」、「支那必敗」等口號，不少人叫囂附和，高呼「香港建國」和應，這幫球迷與警方發生多次輕微衝突。

大賽前，在香港社會，一種語言「恐襲」的火藥味提前蔓延。比賽尚未開始，陸港兩地口水戰已打響。在國足與港隊交戰前四天，香港城市大學校園民主牆上出現大幅標語。先是香港學生貼出兩行大字：「外敵當前，全力支持，香港國家隊 11 月 17 日打倒中國」。注意，用「外敵」、「香港國家」，而「中國」則是簡體字。據說是來自內地的學生看了忿忿不平，於是針鋒相對，貼了下面兩行大字：「內戰在即，滿城助威，中國國家隊 11 月 17 日教育香港」。在香港科技大學民主牆，也出現「外敵當前，撐硬香港隊」大幅字，後遭人撕下，旋即貼上「睇（看）下你輸幾比零」，其中有簡體字書寫。

這一年多來，內地與香港矛盾及香港本土意識高漲氛圍下，國足與港足這場賽事格外敏感，部分香港球迷的本土情緒成為輿論焦點，在足球話題中出現泛政治化傾向，令激進勢力興奮。國足對抗港足開戰前夕，香港一家主流媒體向特首及 15 司局長逐一詢問，會不會看球賽，看球賽支持哪隊，當然政府官員無一表態。在一些香港人心目中，如說撐中國國家隊，那就是賣港；撐香港隊，那就等於反中。其實，只要不是鐵桿球迷，一個國家隊，一個地區隊，誰贏球誰出線，都值得國人高興和光榮，何必楚河漢界，閒不住的傳媒喜歡無事生非：追迫官員表態，將非政治層面事，硬滲入濃濃政治味？

有來自內地的學生在網上留言：「不支持港足，等同於討厭香港，此是邏輯謬誤。在港兩年，我喜愛香港，但我不支持港足，正如我不支持北京國安、廣州恆大，而支持家鄉球隊。身份所寄，感情所依，難以變更。今朝若是我在民主牆上留言，支持自家球隊便是『支那狗』，來香港讀書便是『蝗蟲』，那我便做定了這條支那狗、這隻蝗蟲。狗也分貴賤，蟲也分大小，若是狗都明白的常識，人站在道德的制高點還茫然不知、狺狺狂吠，那真是大笑話。」正如香港青年聯會副主席彭芷君所言：「運動是人類的共同語言，是超越政治的，絕不應成為延續政治爭議的戰場。可惜，理想歸理想，現實歸現實，香港社會愈趨政治化，尤其是陸港矛盾愈趨尖銳，甚至連體育競賽也不能倖免，被捲進政治漩渦。」

早些日子，6 月，港足主場打不丹、馬爾代夫兩場，場上響起共和國國歌時，一些港人以噓聲回應國歌，球賽蒙上不必要的政治色彩。9 月，國家隊於深圳主場面對香港隊，網上一再傳出香港球迷自發組織去深圳「踩場」，迫使深圳當局加強保安，派出數千公安維持秩序。其實，尊重國歌是一種普世價值，更是球場上基本禮儀。「噓國歌」是錯誤行為，丟的是港人的臉，失的是港隊的分，損的是兩地關係。

前港區人大代表吳康民說，在足球大戰中噓國歌的是一批不知歷史、不愛祖國，受反中亂港者迷惑的憤青。國歌原名《義勇軍進行曲》，是國家存亡之秋創作的一首號召奮起抗戰的進行曲。他說：「我們這輩人，是唱着《義勇軍進行曲》成長的。正如法國受恐怖襲擊後，全世界許多人都唱着《馬賽曲》為法國人打氣。共和國的國歌和《馬賽曲》一樣振奮中國人的人心。」

有人說這些只是少數市民本土意識強些而已……但無論理由是甚麼，也不能合理化他們的劣行，刻意破壞，辱罵他人，不尊重自己或人家的國歌，不能任之由之，而應直斥其非，否則，香港也就永遠變成一個不值得尊重的二流城市。

（原刊於 2015 年 11 月）

買入人民幣　上中美貿易戰場

共和國國慶日將至。想起年輕時，一腔熱血，總能背誦諸多愛國的詩詞和名句。歲月如梭，不過現在也還記得一些：「商女不知亡國恨，隔江猶唱後庭花」（杜牧）、「臣心一片磁針石，不指南方不肯休」（文天祥）、「國家是大家的，愛國是每個人的本分」（陶行知）……來到香港二十多年，「愛國」情懷似乎漸漸淡了，因為在腳下這片島土，年年風調雨順，也沒遇上需要生死搏擊的「國家大事」。

前不久，聽評論家、學者阮紀宏說，法國取得足球世界盃冠軍，香榭麗舍大道塞滿了慶祝的國民。他們不分經濟階層屬性，共同喝彩國家隊的勝利，「香港人與內地同胞共同歡呼國家勝利的場面，從來沒有，將來也未必有機會在香港發生。然而，在香港歷史上，也曾出現過高漲的愛國情緒。那是抗日戰爭爆發的年代，香港學生上街宣傳抗日，學生組織服務隊到內地抗戰」。曾經是媒體人的阮紀宏感嘆道：國家危難會激起愛國熱情和行動，而今中美戰幔揭開，香港人會產生同仇敵愾的情緒嗎？

我聽了一愣，猛地驚醒：是啊，中美一旦真槍實彈打仗，香港人會為保衛祖國上戰場嗎？如今，面臨百年變局，中美貿易開戰，香港人會站在自己國家這一邊而萌動反美情緒嗎？

日前，我的朋友媒體人盧永雄說，「美國如今的形象，有如他小時候看的『大力水手』卡通片中的歹角布魯圖一樣，是一個恃着自己大隻，就到處蝦蝦霸霸的惡人。他對所有貿易夥伴都這樣，把刀架在別國的頸上，然後要求締結城下之盟，逼別國向美國輸送貿易利益」，「聽到美國對中國再次加徵關稅的消息……我昨早就即時衝動，付諸行動，走入銀行，買入人民幣」。前幾年人民幣急升時，很多人在銀行開戶口日日換人民幣，但他那時沒有這樣做。他買入 5 萬元，不是為了投資，也明知一個人買入多少人民幣都無作用，但他想表達一種態度，不但是要支持國家，也是要對美國發起這場不義的貿易戰表示抗議。

翌日，我另一位朋友，也是香港媒體人的林芸生說，「響應盧永雄前輩的愛國行動，我也即時衝動，付諸行動，買人民幣」，「這區區一小筆人民幣，代表大家對中國戰勝的期盼，也表達炎黃子孫對美國霸權的抗議」。

我不知道林芸生究竟買入多少人民幣，十萬？百萬？錢款數字不重要，重要的是這股情緒。我也不知道在香港，身邊有多少媒體同行懷着一股愛國激情，默默去銀行下單買入人民幣。正如林芸生所言，「買人民幣這一回事，也同時合乎愛國情感與理性投資的原則。受貿易戰影響，目前人民幣已跌至近年罕見低位，香港人這時買入人民幣，既表達對國家的支持，也是保本投資的好選擇。待中國適應貿易戰後，人民幣匯率定會回升……我把所有分析建立在『中國戰勝』的大前提上。身為中國人，難道不應該把自己的命運綁在國運上嗎？難道要學那些黃媒反對派盼美國打贏？這種現代漢奸的想法令人髮指」。

盧永雄、林芸生的行動，阮紀宏的質疑，令我想起 1998 年亞洲金融危機時，外國對沖基金狙擊韓國貨幣，國家遭遇外匯危機的最艱難時刻，韓元受衝擊貶值而對外支付的信用度下降。當時韓國外匯儲備不多，很多韓國人排隊買入韓元支持國家，很多女性變賣自己的金飾支持本國貨幣。與太極旗一起再次騰飛，韓國民眾面對金融危機共赴國難。儘管這些做法的直接經濟價值，對於戰勝來勢兇猛的金融危機的作用有限，但象徵意義的影響卻無窮。

當下，中美貿易爭端擴大，人民幣首當其衝，匯率持續走低，2018 年以來跌逾百分之五，在主要亞幣中僅僅比印尼盾好，為第二弱，國際上擔心人民幣匯率穩定的問題，更擔心中國為應對貿易戰而開啟貨幣戰，讓人民幣匯率劇烈貶值以沖抵貿易戰影響。不過，近日從國務院總理李克強到人行行長易綱接連發聲，強調中國不會開啟貨幣戰，不走人民幣貶值促出口之路。如今外匯市場消化複雜因素的能力正在增強，人民幣表現淡定。

中美貿易戰已持續四個月，戰火正酣。9 月 24 日，中國傳統佳節中秋節，美國送來一份「厚禮」：關稅戰打到 2 000 億級別，打響貿易戰第三槍。中國也隨即反制美國，「回禮」而徵收關稅，宣告取消中美經貿談判。兵來將擋，水來土掩。貿易戰急轉直下，更擴展到對中國軍隊機構及負責人實施制裁、網絡戰略互打，雙方對抗正螺旋向上。

中國國新辦日前發佈《關於中美經貿摩擦的事實與中方立場》白皮書，36 000 字，對美亮劍，指責華盛頓出爾反爾的貿易霸凌行為，中國將採取轉守為攻戰略。此刻，媒體人盧永雄、林芸生們在行動。我這媒體人也當跟上，拿出私房錢區區數萬港元，買入人民幣，加入「愛國」行列。朋友們都在行動，那麼你會用甚麼方式上中美貿易戰場呢？謹記盧永雄所言，「中國弱，香港人在國際上也沒有生存空間，所以我們要支持國家，打好這場貿易戰」。

（原刊於 2018 年 9 月）

中港？
能說美國紐約「美紐關係」？

記得 20 多年前從上海來香港，在羅湖入境，需要填一張入境表格，其中有一欄：來自哪裏？我填：上海。當我趨前入境櫃枱，將表格遞給海關關員，關員眼睛掃了一下表格，用手指着那一欄說，「上海」要改成「中國」。我一時不理解：「香港也屬於中國，填『中國』意味着從『中國』到『中國』，就沒有意義了。」嚷嚷了 5 分鐘，那關員就是要我改填「中國」才放我通行，無奈之中，我在「上海」前面加了「中國」兩字，即來自「中國上海」，當時我心裏想說的是：「我進入中國的香港了。」那關員看了看我，善意的笑了。

在香港生活，我才發現香港人總是將「內地」說成「中國」。有朋友說：「我昨天才從中國回來」，我會問：「哦，香港不屬於中國？」有同事說：「我明天去中國」，我會問：「哦，香港不屬於中國？」「中港關係」這樣的字詞，在特區政府的網頁和文件中也頗常見，在政府政制及內地事務局的教材中也能找到，在與政府官員交談中，也常常可以看到和聽到「中港」一詞。

在香港 20 年，我都在《亞洲週刊》供職。給這份週刊寫稿，中文用詞講究而嚴謹，從總編輯到編輯，都不允許有「中港」這樣的用法。這也就成了一種習慣。我多次撰文，反對「中港」這樣的用法。最近的幾次，如 2013 年 3 月，我就寫過 3 000 字的〈「中港」矛盾，香港不屬中國？〉2014 年 5 月，寫完 20 萬字的傳紀《倪匡傳：哈哈哈哈》，全書開頭寫「逃港者」，倪匡是「港漂」，描述內地與香港是分不開的，批評「中港」的用法。

不過，翻開香港主流報刊，幾乎每天可以讀到「中港矛盾」、「中港融合」、「中港互動」之類的「中港」話題大標題。「中港」，「中國」對「香港」？沒聽說過，中國與廣東，中國與上海，只能是「京滬」、「粵滬」之稱，說「內地與香港」，「滬港」、「粵港」、「京港」。願保持兩岸現狀而不急於統一的台灣人，都說「中國大陸」，習慣稱「陸客」、「陸生」、「陸資」，不說「中客」、「中生」、「中資」。

那麼多年過去，總算官方有了說法。春節前夕，香港媒體披露：政府行政署向各部門發出「用詞正確」的內部通告，要求各部門使用涉及內地與香港關係的字句時，必須跟從通告，並指明「中港關係」用詞不合適，應該採用「內地與香港的關係」……

政府發言人回應香港傳媒查詢時表示，根據《基本法》第 1 條訂明「香港特別行政區是中華人民共和國不可分離的部分」，《基本法》第 12 條明確說「香港特別行政區是中華人民共和國的一個享有高度自治權的地方行政區域，直轄於中央人民政府」，故發出通告提醒決策局或部門使用某些用語時有所參考，確保口頭及書面通信時「用語正確」。將「中港關係」修正為「內地與香港關係」完全合乎邏輯，應該為政府官方用字力求準確點讚。

對政府這番舉動，一幫泛民主派和多家媒體卻發起攻擊。政團「香港本土」發起人、公民黨立法會議員毛孟靜按捺不住，批評是梁振英下的指令，把政府用字「大陸化」，指現時政府官員已經過分仿效長官，不時把梁振英的慣用語掛在嘴邊，如「重中之重」、「方方面面」等，指政府的通告是想壓低香港的位置。她一再質疑當局的舉措，是要控制意識形態，控制文化及思想。她說，如此「用詞正確」，是「要清洗我們的一套語言，例如在用字上完全要跟大陸的話，那是可以控制文化和人民思維」。

中國語言文字博大精深，而中國人也向來講究遣詞造句的藝術，一字一詞背後往往蘊含着深意，有時看到一個意思，其實表達了另一個意思。語言文字原本就是不時演變發展的，兩地的文字融合是一個過程，你中有我，我中有你。就說毛孟靜的每次講話、每篇文章，遣詞用字有多少是香港本土的？她強調的所謂「本土意識」，絕不是人們通常所說的「本土特色」，卻是極端化的「本土意識」。「本土意識」原本是香港精神的重要內涵，是對「殖民意識」的反彈，是港人主體意識覺醒的表現，「本土意識」正與國家民族意識逐漸融為一體。但毛孟靜的所謂「本土意識」是「驅蝗行動」、「佔中運動」、「雨傘革命」、「本土優先」，是極端化的「本土意識」，即「港獨」。

特區政府一位官員對我說，政府急於修改用詞，確實與最近「港獨」叫囂和「本土意識」抬頭有關，隨着近年來內地與香港之間的矛盾愈發激烈，港府在規範語言用字上開始下功夫，是值得鼓勵的事。不能用「中港」一詞，被一些人指責為矮化香港，其實，內地與香港從來就是不對等的。

也有香港文化人公開表示，「中港關係」一詞在香港沿用幾十年，沿用該說法「天經地義」，反問「香港尖沙咀有個中港城，要不要改成『內地與香港城』呢？」這些文化人還說，在香港講話應以香港為本位，正確說應該講「港中關係」，「等於大陸講中日關係，日本講日中關係」，「香港有自己沿用的50年不變的生活方式，這生活方式包括說『大陸』、說『中港』等，這些不用改變」。

這些所謂文化人的這種說法，顯示他們根本就缺少「文化」。幾十年如此，就一定正確？那還用撥亂反正幹嘛？再說，美國與紐約的關係，能說是「美紐關係」嗎？兩岸關係，能說「中台關係」嗎？「中日關係」也好，「日中關係」也好，都是兩個國家的關係，莫非在這些文化人眼中，「港中關係」就是國與國關係？！

（原刊於 2015 年 2 月）

管治缺失

香港成了謠言之城

北京外交部例行記者會上，有記者問：香港特區政府將會在8月4日凌晨申請駐港部隊對香港實施戒嚴，對於這樣的傳言，中方有何回應？華春瑩一字一句答：你說這是傳言，我可以明確告訴你，這哪裏只是傳言，這根本就是謠言！用心非常險惡，就是想製造恐慌。

不是傳言，是謠言！這兩個月來，香港就是謠言之城。

他們都說「反送中」，誰說過要「送中」的？整個事件就是從謠言開始，造謠，信謠，傳謠，很多說法完全是污蔑、抹黑和誇大。所謂反修訂《逃犯條例》就是被謠言一步步推向高潮。關於修例的謠言原本就荒謬絕倫，反對派聲稱：條例一旦通過，任何港人，只要違法，不論輕重，無需證據，就會被捕，送去內地審判。英文媒體大多基於這些謠言，上街遊行的人都信了這些謠言。倘從法律和專業角度去分析看透真相，就知道這些都是謊言。

7月27日晚，在未經過香港警方批准許可的示威活動中，一羣暴力示威者在元朗南邊圍砸壞一輛私家車，聲稱在車裏發現多根藤條，以及一頂「解放軍帽」，這一「消息」傳出，成批示威者隨即衝着「解放軍」出動響應。但從示威者公佈的照片看，這頂他們口中所謂的「軍帽」令人噴飯，許多上了年紀的網友說，上次看到這樣的軍帽，自己還只是寶寶。這頂「軍帽」實則為中國83式武警的警帽，早已停用數十年，但就是因為有「解放軍帽」的謠言，鼓動了一批示威者上街。原本以為這場鬧劇僅限於無知的香港「廢青」之間，孰料一些香港媒體不僅沒有澄清事實而以正視聽，竟然還依舊指鹿為馬，為謠言造勢，直指示威者在元朗搜出「解放軍帽」，挑撥內地與香港關係。

造謠，即透過個人想像，虛構事實，並透過各種途徑作出虛假信息散佈。謠傳的結果若引起公眾恐慌，例如有人謠傳旺角有炸彈或者有地震，警方可能會介入調查。按香港法律：散播虛假消息，引起公眾恐慌，屬刑事罪行。干犯者有可能觸犯《公安條例》或《刑事罪行條例》第161條，一旦罪成，前者最高可判處16年監禁；後者則最高會被判處5年監禁。

當下「假新聞」氾濫，不乏刻意竄改、捏造、誤導，旨在吸引公眾目光的假消息，謠言多是一些社交網絡平台發佈的所謂「消息」，加上許多網友轉發，結果大量不實消息大幅快捷散播，破壞力驚人，假消息漫天飛舞，讓社會矛盾已相當嚴重的香港加速分裂。香港出現謠言時，按例由政府主要權威部門或人士及時發聲，同時靠各種媒體及時追蹤澄清事實。日前，國家網信辦發佈《互聯網信息服務嚴重失信主體信用信息管理辦法（徵求意見稿）》。根據徵求意見稿，對納入失信黑名單的互聯網信息服務提供者和使用者，將實施限制從事互聯網信息服務、網上行為限制、行業禁入等懲戒措施。香港是否能跟上立法立規的步子？

我曾經就是謠言受害者。10年前，沈某女人一再散播謠言，指稱我是「中共黨員」，污說我是「被派來打進香港傳媒的上海市政府重要官員」，是「中共特工五處處長」，我跟沈女強調，全是謠言。她在某個勢力操縱下，堅持在香港召開新聞發佈會，我忍無可忍，自信記者幾十年就是要圖清白，於是告她誹謗，官司兩年，誹謗成立，判令她在報紙上公開道歉，並賠償 85 萬港元，這是香港法院的判決。我的案件也成了香港法院一特殊「案例」。

這幾個月，特區政府面對謠言四起，把握輿論顯得束手無策。有朋友說，政府部門擔心追查謠言反被扣上侵害新聞自由、言論自由的帽子；告造謠者誹謗，又怕上庭打官司，大家知道香港的大法官是怎麼回事。由此，謠言越來越囂張而成為社會最強催化劑。那些已造成重大影響的謠言製造者更有恃無恐。

8 月 6 日，網上傳出所謂「政府新聞處發稿，稱特首林鄭將休假 7 天」，香港「水深火熱」之中，特首怎麼會休假呢？無疑是有人別有用心造謠。翌日，政府發言人為此澄清，說「有關消息毫無根據」。既然是謠言，政府為甚麼還稱「有關消息」？連「謠言」兩個字都沒使用。這幾個月看不到政府嚴懲謠言炮製者，看來，管治有改善空間。可以說，造謠者的危害勝過暴徒，當下亟需阻擊謠言，追查謠言，令造謠者付出代價。

時下，是否組成獨立調查委員會成為熱議話題。當然可以成立，但一旦成立後，應當把追查謠言選作首項任務。究竟是誰把修訂《逃犯條例》妖魔化了？果真如此，反對派還會堅持要成立獨立調查委員會嗎？

（原刊於 2019 年 8 月）

港大《學苑》變本加厲煽動「港獨」

這把「火」不能玩，玩者必自焚。在香港特區，公然鼓吹「民族自決」和「港獨」，對港人社會可能帶來的災難，是難以估量的。

前些日子，特首梁振英在施政報告中，點名批評發表「港獨」言論的《學苑》。1 月 30 日，這本香港大學學生會刊物，繼上期刊出〈香港民族論〉及「建國」、「建軍」等謬論之後，在最新出版的 1 月號中更變本加厲煽動宣揚「港獨」，繼續在所謂「民族自決」議題上大做文章，再度暴露《學苑》煽動「港獨」的野心。

施政報告後，一些港大學生砌辭狡辯指自己只是「講獨」而非有「港獨」行動。日前，在香港《城市論壇》上，上世紀八十年代曾任港大學生會會長的現任政府新聞統籌專員馮煒光，與《學苑》前副總編輯王俊杰激辯港獨議題，思辨清晰的馮，五度追問王是否支持港獨，在逼問下，王俊杰終於承認自己「贊成港獨」。

據悉，新一期《學苑》印製 6 000 本，在港大校園派送。看來，《學苑》編委會這些學生，只關注政治大話題，而忽略文字細節，居然出現「低級錯誤」，刊物封底印着「2014 年 1 月號編輯委員會」，可是今天已經「2015 年」了。有納稅市民在網上留言說，作為由公帑資助的最高學府學生會刊物，《學苑》如此一而再、再而三刊出「自決論」、「民族論」文章，公然對抗社會各界勸諭，死硬挑戰 13 億國人和鼓吹「去中國化」，性質極為嚴重。

香港大學一份學生會刊物在「佔中」前後如此宣傳「港獨」，校長馬斐森對此事責無旁貸。校長不要再以甚麼「學生有言論自由」，來為一羣無法無天的大學生的錯誤言論提供保護，如果連鼓吹分裂國家和言論自由都分不清，這個校長就不配再當下去了。自古以來，分裂國土，罪大惡極，香港大學的管理層要嚴肅處理「港獨」言論，別葬送百年學府清名。

正如香港資深傳媒人、時評家梁立人所言，《學苑》煽動「港獨」言論，但港大管理層卻埋首沙堆，以言論自由為「港獨」言論開脫。早前港大校長馬斐森撰文對《學苑》文章多番袒護，港大校務委員會主席梁智鴻更指港大一向推崇言論自由，學生享有言論自由云云。但學術研究不能凌駕國家安全，言論自由也不是藏邪縱奸的保護傘。在香港提倡「獨立建國」，已超越言論自由界線，言論自由並非沒有禁區，難道港大這所聲譽悠久的學府，已成為分裂國土的藏污納垢之地？

《學苑》1 月號以「雨傘世代，自決未來」為封面主題，共刊出「苑論」等六篇相關文章。署名「梁辰央」的《本土革命，誓守族羣》一文，言論最為激進。作者不敢署真名，只是將梁振英的「振」、「英」，各砍一半，選其「辰」、「央」。作者認為雨傘革命過後政治改革了無寸進，聲稱「如今風雨飄搖，港人面臨滅族，只有一場徹底的本土抗赤革命，方可自救」，又指中共有意殲滅港人主體意識，「一國兩制」已無力回天，稱「港人如今無路可退，要不就負隅一戰，奮起革命，要不就屈從一統，淪為奴才」，此刻「本土抗赤，是港人與中共赤裸裸的政治博弈，是從中共手中重奪香港人的自治權」。

《學苑》副總編輯陳雅明也撰文說，「雨傘革命及未來的政治運動，都會編織成帶有『命運自主』精神的本土『立國神話』。共同體成員透過不斷詮釋『立國神話』，會逐漸形成『民族』」。文章又渲染「怯懦只會招致滅亡，永不超生」，認為和平抗爭走到絕路，以武抗暴是唯一選擇，故要「向中共宣戰」，相信「今日焚毀，明日縱火」的激進主義將會是「下一場革命前夕的烽煙」。

日前，《學苑》總編輯袁源隆面對傳媒追問時稱，《學苑》文章不是「搞港獨」，而是「發現香港從來沒有相關討論」，即使不同意港獨，「也應該有討論港獨的自由」。文章內容「有理有據」，編輯部「尊重」言論自由，因此予以刊登。當被追問「理據何在」時，他則表示「不想回應」。

學術自由、言論自由、新聞自由，都是香港核心價值，維護國家統一及領土完整，並不抵觸學術、言論或新聞自由。憲法和香港《基本法》都要求維護國家統一和領土完整。任何「港獨」言行都是違憲的，在中國主權之下的香港特區，沒有鼓吹「港獨」的自由。《學苑》文章鼓吹香港人是一個「民族」，要「以武抗暴」……種種謬論，從政治和法制來講是違憲違法、分裂國家；從現實來講是癡人說夢，不具半點實現的可能性；從道義來講是信口雌黃而全不負責，陷全體港人於不義。

有不少香港人認為，《學苑》文章雖然過火，但在特區又有誰會相信香港可以「自決」、可以「獨立」？他們不過是口頭說說而已，何必大驚小怪？對此，有香港學者認為，在港鼓吹民族「自決」和「獨立」，正正就是屬於絕不可為之惡，言論能不能兌現是一回事，但能不能說、該不該說又是另一回事，不能因為其言不可能落實，就可肆無忌憚、亂說一通，否則，法治社會就不會有誹謗、誣告、煽動等罪行和相關法例。

可以斷定：香港大學《學苑》這把港獨之「火」，如果再玩下去，必然給香港帶來災難。

（原刊於 2015 年 2 月）

香港怪象：教師怕學生

香港嶺南大學，4 月 17 日，校內舉辦音樂會。一隊名為「血汗攻闖」的校外青年樂隊，公然高唱辱警粗口歌《向香港警察致敬： Fxck The Police》。辱罵警察的粗口歌詞：香港警察打橫行；見佢就想祝佢「× 街」、「× 家剷」；警察招牌，死差佬一手打爛；好多人想起你底，邀你「× 母」傾下計；黑警垃圾，理應就地正法……這首三分半鐘的歌，共出現 50 次「死差佬， × 你老母」、「fxxk the police」。如此辱罵香港警隊、宣揚仇視警方，這些學生和青年，就是半年前嚷嚷「佔領」的那批人，挾「本土」，擁「港獨」。

日前，在一個沙龍餐聚上，好友兼香港專欄作家屈穎妍說起這場音樂會：「一班年輕人，在嶺南大學公然高唱的是甚麼歌？播的是甚麼恨？香港的未來，原來要交託到這種人手上」。「片段在網絡瘋傳兩天後，我翻看報章，除了香港《文匯報》，找不到片言報道。平日膽子最大、走在最前線的學聯、教協、葉建源，你們哪裏去了？為甚麼在事最關己的時候卻默不作聲？終於明白為甚麼下一代會如此想怎麼就怎麼，因為我們的社會、明理的大人，一直都在包容孩子的錯」。

事後，嶺南大學發言人耍官腔作解釋：「校方絕不鼓勵任何人士使用不雅言語，因尊重參與校園活動人士以不同形式表達意見的權利，故不會事先對活動內容作審查。」校方沒有譴責和批評，只是「不鼓勵」，而且還表示「尊重」。原來，在大學校方眼中，辱罵別人父母，原來只是一種「意見」。校方稱那些演唱者不是他們學生，但在台下拍掌狂歡的該是嶺南大學學生吧？校園道德淪亡，藏污納垢，粗鄙文化氾濫，年輕人胡作非為，學校姑息養奸，一場「佔中運動」、「黃傘革命」為香港教育出甚麼樣的下一代？

一波未平，一波又起。香港大學副校長何立仁，在學生會舉辦的晚宴上宣佈一項計劃，校方擬定新政策，由 2022 年起，規定（強制）所有港大生在學期間，每位學生享有最少一次去海外及一次到內地學習的機會。對於個別學生或抗拒內地而不願前往，何立仁直言，「若學生不願到內地交流，就不應入讀港大」。此言一出，旋即激起學生強烈反彈。港大學生會批評是政治考慮，並即時在校園電視問卷調查，訪問 1 400 多本科生，結果顯示，78% 不希望到內地交流，96% 反對校方強制學生前往指定地方作交流。港大 4 月 18 日發表聲明，態度明顯軟化。聲明說，「是否每位學生都必須全面參與，將有待進一步諮詢和討論」。20 日，何立仁與港大學生會代表會面，為當時用詞不當道歉，並收回有關言論。副校長終於向學生擺出「下跪」姿態。

主流社會如此千方百計安撫、討好這些小孩，令病態本土主義滋生蔓延。大學原本希望學生擴闊視野，能到海外和內地親身體驗學習，必定受益更多，為甚麼學生對「海外」就沒有異議，一提到內地就暴躁如雷？當下，全球都在熱議中國倡導的亞投行，香港大學生對內地卻唯恐避之不及，今天的香港還能與內地分割？再說，大學一項新規定，規定就是「強制」，學生事先張揚表明不願遵循，當然就不必選擇入讀港大了。這樣的說法，校方錯在哪，憑甚麼要收回而致歉？

那天屈穎妍也說：「如果有一天，我在全港學校作一項調查，問孩子是否反對學校強制學生交功課，或者問他們是否不希望學校有考試，我想，結果沒有 100%，也有 99.9。拿着這樣的結果，我是否可叫教育局從此取消所有功課、考試？局長、校長、老師是否要一一向學生鞠躬道歉？」她說：「教育不是孩子說了是，就是；教育不是孩子說了對，就對。今日高等學府，只會跪着討學生歡喜，教者不教，學生不學，香港還有未來嗎？」

當下香港，社會瀰漫一種詭異氛圍，凡事就愛政治化，從大學到中學：校長怕家長，教師怕學生。在香港的大學，評判教師工作表現優劣，正是由學生打分的。老師還能不顧忌嗎？

老師在課堂講課，學生即場用手機偷錄，課後將老師講話放上網，在香港已成為一種現象。香港教聯會曾以問卷成功訪問 223 位中小學教師，發現 21% 教師曾被學生偷錄課堂教學；16% 教師稱曾被偷錄並在網上發佈；64% 教師對可能被偷錄感擔憂。偷錄是否犯法？目前還有爭議。但絕大部分受訪者認為，偷錄是一種欠尊重的事件，破壞校園和睦氣氛，打擊教師與學生的互信，令教師在課堂上講話拘謹，很難再主動分享個人內心看法，只會依書本直說。說到底，「被偷拍放上網」是一種網絡欺凌行為。

隨手拈來最新的兩個數據：香港四成蔬菜來自雲南省；港女嫁內地男的個案，五年來暴升七成，過去的 2014 年，每十個香港新娘中就有一個嫁內地男。在全世界都爭先恐後參與中國經濟發展之際，香港青年卻對內地帶有偏見，拒絕北上，疏遠這個高速發展的巨大經濟體，把自己困在狹小的孤島上，這樣下去還能找到未來出路嗎？建立對國家的認同，不代表放棄對民主社會的追求，能融入大中華背景，施展拳腳的舞台就大了。

（原刊於 2015 年 4 月）

《白皮書》宛若深水炸彈引爆維港

七一，香港回歸祖國紀念日在即，北京 34 000 字（含附錄）的一篇長文白皮書，宛若一枚深水炸彈，突然在維多利亞港灣引爆，激起千層巨浪。6 月 10 日，國務院新聞辦公室發佈《「一國兩制」在香港特別行政區的實踐》白皮書。這是中央面對極少數極端勢力和亂臣賊子興風作浪、混淆視聽、揚言港獨的態勢，第一次對香港問題發佈白皮書，也是自上世紀八十年代初「一國兩制」提出後，中央政府第一次以白皮書形式，重申對香港的基本方針政策。中央當頭棒喝，觸動了香港政壇敏感神經。

2014 年，是確立中國政府對香港恢復行使主權的中英「聯合聲明」簽署 30 週年，也是確立香港實施「一國兩制」的憲制性文件《基本法》頒佈 24 週年。在國務院總理李克強出訪英國前夕六天，這份白皮書頒佈，是中央出重拳抨擊港獨分離勢力的體現。香港政制改革已到關鍵期，北京目睹外國勢力動作頻繁，發表白皮書其中一個用意，正是表明李克強訪英會與英方坦誠溝通，雙方就《中英聯合聲明》簽署 30 週年，再簽一份成果文件。

這份白皮書要點有：「一國」是「兩制」的基礎和前提；中央擁有對香港的全面管治權；愛國者為主體的「港人治港」……香港有輿論認為，白皮書只是針對「六二二公投」（選政改方案）和

「七一佔中」(佔領中環),這是習慣於坐井觀天的這些香港人的自視過高,自我抬高。中央和特區政府都持反對「佔中」的立場,這一點毫無疑問,但若說拋出白皮書就是中央出手阻止「佔中」,「佔中」發起人也未免太抬舉自己,小看了特區政府,甚至太瞧不起香港警方。北京的聚焦除了現實針對性,更主要是劃線設框,點化未來,遠遠超越甚麼「公投」、甚麼「佔中」。

6 月 11 日,國家副主席李源潮在北京的一個外事場合,對香港鳳凰衛視記者就白皮書提問,僅回答了一句:「中央的精神在這個白皮書裏都寫了。」其實,四十多天前的 4 月 24 日,中共中央政治局委員、中央港澳工作協調小組副組長李源潮,在北京會見香港二十多家傳媒高層人士訪京團時,就國家發展、香港發展、兩地關係及政改四方面與訪京團交流。李源潮已經明確將白皮書的主要觀點作了一番闡述。香港《基本法》表明,香港是中華人民共和國主權和領土範圍內的一個特別行政區,香港所有享有的高度自治權,是中華人民共和國政府依據國家相關憲法給予你的。任何人不要忘了,香港不是獨立王國,是中央政府領導下的一個自治政府,任何人都不能在這個憲法框架外運作。只是當時香港傳媒高層誰都沒想到一個多月後,中央會拋出這份白皮書。

從上世紀九十年代初至今,中南海共發佈 88 部白皮書,1991 年發佈的白皮書《中國的人權狀況》,是中共執政以來的第一部白皮書。這部白皮書就與李源潮密切相關。「白皮書」這種形式,就是時任中央對外宣傳小組、國新辦一局局長李源潮提出的,白皮書的起草小組就是他主持的。

白皮書發佈後，激進民主派表現「亢奮」，將這一白皮書斥為「白色暴力」、「公然粗暴」云云。社會民主連線、人民力量、學民思潮等激進民主派團體，在中聯辦門前透過焚燒白皮書表達不滿；有所謂「藝術家」，以寫着「白皮書」三字的紙團含在嘴裏，緩步行進鬧市，以示抗議⋯⋯這些年香港政壇有「四人幫」的說法，即李柱銘、陳日君、黎智英和陳方安生。

曾擔任《基本法》草委的民主黨創黨主席李柱銘認為，白皮書是「發白日夢」，以此恐嚇港人，他批評白皮書只是中央單方面對「一國兩制」的理解。資料顯示，李柱銘曾於 1990 年憤怒焚燒印有《基本法》的紙卡；「香港 2020 召集人」、前政務司司長陳方安生認為，中央政府不需透過發表白皮書重新演繹《基本法》條文，她擔心中央有意收緊港人治港方針；82 歲天主教香港教區榮休主教陳日君說，沒有時間閱讀白皮書，要中央尊重香港的一制很難，思想原本就不同；被視為反對派「幕後金主」、壹傳媒主席黎智英，日前在私人遊艇密會美國國防部前副部長保羅·沃夫維茲，長達五小時，並由出身美國情報人員的美國共和黨香港支部主席、壹傳媒動畫有限公司商務總監 Mark Simon 從旁打點。近來，反對派策動「去中國化」搞「港獨」，繼「反國教」後，又掀起多起與「港獨」有關的行動。

2014 年 4 月初，正值香港政改的關鍵時刻，李柱銘和陳方安生高調訪美，並與美國副總統拜登會面討論特首選舉；5 月初，美國助理國務卿拉塞爾訪港，邀請民主黨、公民黨、工黨的黨魁「商談」香港政改問題；5 月下旬，泛民五名議員到英國駐港總領事吳若蘭的官邸閉門密會，詳細討論香港政改問題⋯⋯西方國家以香港作為「和平演變」中國的踏跳板，更已是公開秘密。

所謂「外部勢力」既包括受外國政府直接資助或收買的本地政客和團體，也有由外國駐港領事館人員或以傳媒身份掩飾的諜報人員所主導或組織的團體，還有以基金會、智庫、文化團體等不同形式出現，意圖影響政府決策和公眾意向的團體。來自美國、歐洲、台灣等地的基金會或非官方組織，背景繁雜，目標明確。中央對外國勢力干預香港事務、在香港培植代理人一直心存疑慮。正如白皮書在「結束語」中特別強調：「要始終警惕外部勢力利用香港干預中國內政的圖謀，防範和遏制極少數人勾結外部勢力干擾破壞『一國兩制』在香港的實施。」

（原刊於 2014 年 6 月）

焚燒《基本法》只會推香港陷入險境

這是香港痛苦的一夜。6月的一個晚會上，四所大學的學生會代表竟然公然焚燒《基本法》，此舉引發軒然大波，不僅建制派斥之「玩火」，連部分泛民主派也大潑冷水。不過，年青學子的激情卻持續高漲，揚言會繼續焚燒《基本法》，更仿效2014年大熱的「冰桶挑戰」的玩法，呼籲港人接力拍片燒《基本法》。

在晚會上，香港中文大學學生會會長王澄烽說，希望修改《基本法》第23條、45條有關普選特首的條文，加入公民提名；修改158條有關人大常委會有權解釋《基本法》的規定，避免中央透過釋法「僭建」《基本法》。在講台上，幾個學生領袖發言後隨即撕爛《基本法》，將其燒毀，高喊「港人命運自決」和「破舊立新」，台下有市民鼓掌。香港城市大學學生會外務副會長梁曉暘揚言，燒《基本法》是「承傳和開拓」，是「對中央極權的宣戰」。香港學聯秘書長羅冠聰說，希望可令社會關注修法問題，「中國憲法都可修改，所以修改《基本法》不應是禁忌」。

真懷疑這些學生領袖是否讀完整本《基本法》，是否對《基本法》問世的前前後後那段歷史有所了解。先說說《基本法》：中國與英國 31 年前就香港前途問題簽訂聯合聲明，列明中國對香港的基本方針政策，包括「一國兩制」、資本主義制度和生活方式 50 年不變。中央隨後經憲制程序及在港廣泛諮詢，將上述方針寫入憲法文件，那就是《基本法》。1990 年 4 月 4 日，第七屆全國人大第三次會議通過《基本法》，作出設立香港特別行政區的決定。香港《基本法》是根據憲法制定的基本法律，規定了在香港特別行政區實行的制度和政策，是「一國兩制」方針政策的法律化、制度化。1997 年 7 月，中國政府對香港恢復行使主權，香港特別行政區成立，《基本法》開始實施。

《基本法》是香港實行與內地不同制度、享有高度自治，以及保障法治和公民權利的基石。香港這些年青學子竟公然焚燒《基本法》，把確定「一國兩制」和港人種種權利的憲法文件付諸一炬。這舉動只能理解為否定香港是中國一部分，與其他激進學生的分離主義言論一脈相承，而核心思想就是「去中國化」，要香港脫離「一國」，切斷與國家的憲政關係而張揚「港獨」。

「港獨派」和「本土派」有否想過，香港有沒有條件，有沒有資格獨立。焚燒《基本法》固然不智，那些學生還提出「重新修憲」，這更暴露出他們根本不了解遵守《基本法》對港人而言是多麼重要。若他們有所認識，便應當知道一旦動搖了《基本法》的莊嚴，等於自毀保護網，是極危險之舉。如果往後成為民主運動主流，羣眾以此為抗爭目標，香港與中央就會全面對立，隨之而來必然是的政治動盪。政治盲動主義與非理性集體行為，往往是災難之源，學生焚燒《基本法》的舉動，正是這危機徵兆。世界上任何東西都不可能十全十美，對某個事物在某些方面或許有所不滿，難道就沒有修正的餘地而必須擊斃燒毀嗎？

或許會問，難道《基本法》不可以修改嗎？當然可以，《基本法》第八章有提到修改辦法，第 159 條列明，「修改權」屬於全國人大。香港特區沒權修改，只有「修改提案權」；如香港特區真要提出「修改提案」，須過三關：一是要港區全國人大代表三分之二多數同意；二是要立法會全體議員三分之二多數同意；三是要特區行政長官同意。在香港，任何政黨、團體或個人想修改《基本法》內容，其提出的修改議案首先就要考慮能否闖得過上述三關，不是那麼容易的。《基本法》是一份具憲制意義的契約，頒佈 25 年來從未有修改。

學生若再燒《基本法》，有部分泛民政黨人士雖表示不認同，但竟然還說「尊重學生表達自由的權利」，「尊重學生以此表達憤怒」；有大學校長發表博文說，社會需要給予年輕人時間成熟，「孩子你慢慢來，你的時代，終會到來」，要允許孩子犯錯，而非責難他們……這樣一批成年人，在大是大非面前，在激進的舉動面前，沒有批評，沒有指責，如此教唆着香港的這些學子。

對一批大學學生會代表焚燒《基本法》，政府律政司司長袁國強為此感到沮喪。他認為學生應以理性方法向社會解釋他們不滿甚麼條文，若只為吸引社會關注而燒《基本法》，便是本末倒置。袁國強問這些學生，「燒《基本法》是否整本《基本法》也不要？是否我們不要公民權利和政治權利國際公約那些人權的保障？是否不要終審權？這些問題他們有否想清楚？若不是，只是對某些條款有不同意見，為何不可以勾出那些條款，用理性一些的方法去表達，作出如此激進的動作，對事情解決沒有幫助」。

當下，香港政改正處於關鍵分岔點，港人要阻止激進派把香港帶上險境之路。

（原刊於 2015 年 6 月）

借特首患情緒病女兒政治攻訐

受特首梁振英邀約，我去香港禮賓府茶敍。他次女齊昕事件，令他飽受壓力，他卻依然笑容待客，我心想：做父母的都不容易啊。那一天，3 月 21 日，梁齊昕事件仍在香港社會發酵中。

梁齊昕又成新聞主角。梁齊昕在梁氏家庭三名子女中排行第二。看她的臉書（Facebook）不時有些居心不良者的留言，意在挑撥她和父母之間的關係。梁齊昕在臉書上出格的言行，常常被敵視者利用。3 月 16 日晚上、17 日白天，她在臉書多次留言透露，自己被母親非法禁錮，遭辱罵毆打，她打算永遠離開家門出走。這番言論引起社會公眾迴響。但她始終沒有露面，只在臉書不時更新情況。其臉書已反覆兩次被刪除。是日中午，潛伏在梁振英住地外的媒體記者拍攝到，穿着大褸的梁齊昕面容明顯憔悴，獨自在禮賓府露台徘徊，其間不時倚石欄而站。這天，她三次走出露台，其中有一次其母梁唐青儀在她身旁。這些年來，梁齊昕有情緒病的說法早就在社會傳播。

梁齊昕臉書風波引起社會關注。是日下午，梁振英會見傳媒回應事件，他承認女兒有情緒問題，他說，認識齊昕的朋友都知道，齊昕健康確實有一些問題，原本她從英國停學回港，他們作為父母可就近照顧，但在香港環境下，齊昕作為主要公職人員的女兒，面對相當大生活壓力，加上住在禮賓府，不利於其休息，故此情緒不時有起伏。梁振英稱，在英國或在香港，都不斷陪女兒看病，為了保護她，過去一直沒有公開討論她的情況。他呼籲給予女兒空間及時間，讓她早日康復。

梁振英說，用常識都可以判斷，「二十多歲人怎可能在禮賓府被非法禁錮？」至於梁齊昕放在臉書上顯示的「雙腳受傷」的相片是早前的照片。梁振英說，自己身為公職人員，說自己子女的情況已經太多，不希望自己的說話影響女兒的情緒及康復。父愛是沉默的。他又說「天下父母心，只有子女口中不是的父母，沒有父母口中不是的子女」。此話，字字有淚，句句中的，說中了多少父母心事？

3 月 18 日，梁齊昕又在臉書上八度更新，指自己已「正式離家」。梁齊昕病了，她曾接受媒體專訪時承認病情，承認自己接受情緒治療。日前，身為爸爸的特首梁振英，也被迫公開承認女兒有病，既無奈又心痛。梁齊昕曾就讀德瑞國際學校，於倫敦政治經濟學院法律系畢業，定居香港的她，曾立志成為模特兒。作為特首女兒，梁齊昕早前現身有線電視娛樂台，有傳她將踏足娛樂圈，迅即令梁齊昕成為八卦話題的焦點人物。

作為一個主要公職人員，梁振英必須剛強堅韌，原本，這是很私人的家事，只因為他是特首，這位爸爸要被迫把家事公開。作位父親，內心無疑是痛苦的，承受着來自四面八方的壓力，有着不為外人道的憂心。

梁齊昕的遭遇，既令人心傷亦頗感無辜。女兒有病，原本已是一種不幸。某些別有用心的傳媒堅持炒作，不斷追訪，掀動社會輿論，加上涼薄網民的惡意批評攻擊，將她跟種種政治問題扯在一起，惡行令人齒冷。事發翌日，香港《蘋果日報》發表政論家李怡的〈家暴、暴力崇拜和依法施暴〉。文章由「家暴」講述到「依法施暴」，將「暴力治國」、「槍桿子裏面出政權」混為一談，穿鑿附會，傷害無辜，可謂痞子政論。

3 月 19 日，《信報》刊出練乙錚文章〈梁齊昕的處境不就是香港人的一個縮影嗎？〉，以梁齊昕比喻為爭取自由的港人，其父母就代表「壓制」的政權。文中列出三個應被關注的問題：梁齊昕的憲法權利有否受損？梁氏夫婦有否干犯對梁齊昕侵權？與梁氏夫婦非直接有關的法律問題，包括：警方及緊急醫護救援人員是否只聽梁氏夫婦或其下屬、保安、家丁等一面之詞，未作足夠專業的盡職調查便以「致電求助者不需援助」為由，匆匆從禮賓府撤退？

香港《信報》20 日刊出了梁振英的 19 日信函。梁振英在信中批評練乙錚文章「不顧我女兒的健康狀況，借題發揮，表示極度遺憾」。梁說，「我作為行政長官，不介意有不同意見，但即使政見不同，亦不應利用公職人員家人的健康或情緒問題，達到政治宣傳目的。齊昕病情不輕，需要安靜的康復空間……政治攻訐，禍不及家人，這是做人做事的底線」。三天後，練乙錚在專欄上撰文表示歉意，對事件升溫，始料未及。

我不明白，最高領導人的家人怎麼可以在網上任意玩臉書，在美國，在西方一些國家，領導人的家屬是不能玩臉書之類的社交網絡的，至少應該為國家安全問題考慮。再說，外國民眾對政治人物子女的行為，素來是較為簡單的理解，子女是獨立個體，只要不涉違法、以權謀私，家事就是私隱，與公職無關，也與政治無關。梁振英是特區首長，民眾有意見要批評，大可隨意表達撻伐，他擔得起這個公職，就要有承受的準備。女兒梁齊昕並不是政治人物，也沒參與政治，犯了甚麼罪？犯了甚麼法？她只是一個二十多歲的女生，只是一個患了情緒病需休養的病人，面對情緒不穩，除了安撫和避靜外，別無他法。

孩子是無辜的，利用無辜的孩子攻擊他人，是無恥的。常言說，「罪不及父母，禍不及妻兒」。用心險惡的時政評論家，已喪失底線的傳媒，借梁家患情緒病的二十多歲女兒做政治攻訐，綑綁政治，借題發揮，試圖凝聚成一枚政治炸彈，意圖正是要摧毀一個家庭，摧毀一個香港。在香港，其實，患情緒病的不僅僅是特首女兒，還有許多情緒日益亢奮的傳媒人。

（原刊於 2015 年 3 月）

奇葩言論：政治人物的「胡說」

說起「胡說」，香港人會想到有胡錫進的「胡．說時政」，有胡國威的「胡．說樓市」……當下，要說「胡說」的當數剛剛當選香港大律師公會主席的夏博義，他說的那些話格外「雷人」：港獨可以公開討論：延任後的立法會不具任何法律地位；全國人大常委會的決定，對香港法治是「威脅」；希望政府同意修改部分《香港國安法》條文……

這是夏博義暴露的個人「狂妄」或者「無知」，還是「狂妄無知」都有？正如有學者說，《香港國安法》這樣一部兼具實體法、程序法、組織法三類法律規範內容的全國性和綜合性法律，豈是作為「享有高度自治權的地方行政區域」的特區政府可以修改的？一個浪跡香港法律界那麼多年的專業人士，如此胡說八道，是真「無知」，還是真「狂妄」？

說起「胡說八道」這一成語，就會想起：胡言亂語、顛三倒四、天花亂墜、口不擇言、信口開河、信口雌黃、語無倫次、言三語四……意思是沒有根據或沒有道理地瞎說。「胡說八道」，出自宋．釋普濟《五燈會元．龍門遠禪師法嗣》：「秘魔岩主擎個義兒，胡說亂道，遂將一摑成齏粉，散在十方世界。」

經常見聞的這四個字「胡說八道」，誰都知道它的意思，可未必人人都知道這四個字原本所指，原意是「胡人」在說「八道」。胡人，指西方、西北方的少數民族及其地理和血緣上相距更遠的「域外」人士；「八道」指的是佛教基本教義中的「八正道」：正見、正思、正語、正業、正命、正精進、正念、正定。指代「修行」的不同方面和階段。胡人將他們理解的佛教傳入中國，漢人原本就有點瞧不起胡人，胡人說漢語時往往帶有濃重口音，嘰里呱啦說了半天，當時先民沒聽太懂，就笑他們講不清楚，便有了「胡說八道」的貶義描述。

這幾天，「胡說八道」的是台灣政論節目又發表奇葩言論。

剛剛讀完《因為愛你：卡蘿》，作者是台灣政論節目「電視網絡酸辣湯」、「夜問打權」主持人黃智賢。她是反「台獨」名嘴。半個月前，黃智賢在大陸南京接種新冠疫苗後，被醫護提醒「24小時內要多喝水、不喝酒、不洗澡，三天內不能吃海鮮，要特別注意別着涼」，黃智賢十分感謝大陸醫護人員的貼心關照。打完疫苗後黃智賢心情愉悅，當晚吃了火鍋和冰淇淋犒勞自己。她說，「打完疫苗到現在，身體毫無特別感覺，沒有任何一丁點不適。這，就是中國日常」。

殊料，台灣一檔政論節目《平論無雙》，卻拿她接種疫苗的心路歷程做起「胡說」文章，意圖抹黑大陸。對黃智賢接種疫苗後被提醒「24 小時內不能洗澡」，節目主持人平秀琳頗感訝異，她請來的節目嘉賓、台灣新北市醫師公會理事羅浚晅醫師給出「專業解讀」。這個醫學專家的回應更是「胡說」而語出驚人，他說，這是因為大陸居民沒條件洗熱水澡，天冷洗澡會感冒，所以才有這種提醒。「大陸缺電缺煤，沒法有足夠能源使用熱水，不小心就感冒了」。

大陸缺電缺煤洗不了熱水澡？無疑是羅浚晅的「奇葩腦洞」。大陸確實曾對一些地區一度採取限電措施，但那是因為經濟紅火，北京仍加速推進碳減排碳排放達峰行動，加上疫情後各省市復工復產加快，南方沒有暖氣供應而導致空調電耗激增，但從來沒有對市民生活用電作限制，與「缺電」之說，完全八竿子打不着。至於所謂中國減少澳洲煤炭進口，導致中國鬧電荒的「缺煤」說更是「胡說」。中國煤炭從澳洲進口佔比小，且都用於冶煉金屬的焦煤，與發電用的動力煤無關。何況，接種疫苗後要避免注射部位碰水，以防感染乃是醫學常識，因此才有「24 小時內不洗澡」的善意提醒。

黃智賢對這些「胡說」回應稱，這是「台獨」對大陸疫苗「羨慕忌妒恨」，心虛後就開始「講外太空語言了」，解讀成「大陸啥啥不行」，這就是玻璃心碎一地的「台獨」，用奇葩表演自我安慰罷了。

早些時候，台灣名嘴在電視綜藝節目、談話性節目和政論節目上，時有對大陸的偏見「胡說」，成了熱搜話題，一度登上微博熱搜排行榜。名嘴高志斌說，「大陸人消費不起茶葉蛋」、「消費不起冷凍水餃」；名嘴黃世聰說，「大陸涪陵榨菜的股價近期下跌，是因為大陸人現在連榨菜都吃不起」；名嘴范世平說，「大陸一胎化導致很多人沒有配偶，台灣女性比男性多，因此武統解放台灣找老婆」……對高志斌「胡說」，一名廣州老闆在市區珠江新城自費購買並免費派送 10 萬隻茶葉蛋。對黃世聰「胡說」，重慶涪陵榨菜公司除了推出微博網民抽獎送榨菜活動外，更直接向黃世聰寄了一箱榨菜，強調稱「我們吃得起榨菜」，回應語不驚人死不休的「胡說」。

（原刊於 2021 年 2 月）

香港不能「打完齋不要和尚」

過河拆橋，卸磨殺驢，打完齋不要和尚。北京全國人大和政協兩會上，說起香港與內地關係，一眾代表和委員，不論來自香港還是內地，就會用上這四字語或那廣東俚語。

一個月前，休息日，百名網民響應臉書（Facebook）羣組所謂「驅蝗行動」（少數極端港人把內地遊客稱為蝗蟲）號召，在尖沙咀內地遊客遊覽購物集中地，手持港英時期「龍獅旗」遊行，高呼「限制自由行」等口號，沿途指罵內地遊客是「蝗蟲」，要正在購物的內地客滾回去，致使有的商舖擔心鬧事而匆匆落閘關門。

香港旅遊業近日受到連番負面事件影響，既有「驅蝗行動」，又有同樣針對內地遊客的旺角拖行李箱佔路遊行。早前更有人衝擊解放軍軍營，亦有人高舉龍獅旗叫喊港獨；再早些日子，接連發生「奶粉限購」、「佔領上水」等事件。近來，一些港人由遷怒新移民轉為針對內地旅客，又將厭惡內地遊客引申到「恐共反華」、「香港獨立」。參與人數雖不多，但令人擔心會引發仇視內地的情緒，加深內地與香港的矛盾。一批外國媒體紛紛報道香港所謂的「驅蝗行動」，包括英國廣播公司（BBC）、新加坡《海峽時報》、愛爾蘭《愛爾蘭時報》等，他們質疑香港是否還是一個安全、文明的都市地方。

「風起於青萍之末，浪成於微瀾之間」。全國政協委員馮丹藜說：「所有關心香港、愛護香港的人，有必要作出自己的判斷和反應，有必要合力挽回這樣的局面。我擔心如果出現最壞情況，可能是不久的將來，由沿途叫罵演變為肢體接觸，上演全武行乃至更激烈的行為。」

日前，香港財政司司長曾俊華在預算案中，宣佈向旅遊發展局增撥 9 500 萬港元用作推動會展旅遊和盛事活動，連同 1.67 億港元用作客源推廣，催谷高消費客羣來港旅遊。相關數據顯示，2003 年近 5 430 萬人次旅客訪港，其中中國內地遊客佔 75%，超 4 000 萬人次，同比增長 16.7%。不過，此際，中央突然宣佈，將原定 9 月在香港舉行的亞太經合組織（APEC）財長會議，改在北京舉行。這無疑讓不少島民心態的香港人一愣一驚。無論政府如何強調中央這一新決定，與近日香港發生的連串事件，包括「佔中行動」、「驅蝗行動」無關。但明理人心裏都清楚，大凡國際會議都傾向在較為安定的環境下進行，而香港近期充斥「驅蝗」等野蠻粗暴的示威及衝擊活動，不但威脅中環金融中心的運作，更對香港的法治和國際形象造成損害，港人勿自毀長城。對中央和內地同胞對香港的支持，香港應有感恩之心，還有兩地經貿交流、人員往來給香港帶來巨大利益，旅遊相關行業受惠的 60 萬打工仔、4 400 億零售總銷貨值、CEPA 實施以來的近 40 億人民幣港貨關稅優惠等。

港區全國人大代表李少光，2003 年香港開放「個人遊」時正出任保安局長。他說，當年開放「個人遊」時，正值香港經歷「沙士」之後，當時百業蕭條，酒店生意極差，中央便推出「個人遊」，效果立竿見影。他認為港人不能忘記香港有困難時，中央盡一切能力幫助香港。他表示，香港一直是開放包容的國際化城市，香港人應展現好客之道。

全國政協香港委員、香港經民聯主席梁君彥說，理解有部分港人不滿自由行影響日常生活，但港人不能身在福中不知福，甚至以為內地旅客可呼之則來，揮之則去。他強調，全球不少地區致力吸納內地旅客，希望帶動當地經濟發展，故早着先機的港人理應珍惜，並以更積極的態度處理問題，如訂立長期開發新旅遊景點的方案，同時在短期內於落馬洲車站外發展臨時銷售點等，既可疏導旅客量，亦可為業界創造商機。

香港崇尚「人和」的文化，堅守法治的原則，感念祖國的關愛，可以說是一種「惜福」之道。香港的成功，有賴港人堅守道德理性、公義和平的價值觀。粗暴對待內地旅客，言語暴力，有辱斯文，是「香港文明之恥」，不僅損害香港國際形象，也是「封人財路，倒香港米」。

是否應對自由行加以限制，限制到港人數？在全國兩會場內也引起爭論。全國人大代表、香港前立法會主席范徐麗泰認為，自由行的人數很難說能如何限制？限制多少人才合適？這還需要研究。香港資源有限，大量內地遊客進入，會對港人生活造成壓力，因此有分歧有摩擦，這很自然。如果香港認為現在的安排、接待能力不足，就應該改進，增加酒店，增加景點等，而不是辱罵內地遊客。

全國人大代表、香港新民黨副主席田北辰說：「香港人口七八百萬，現在自由行的人數達 2 700 萬。未來，高鐵開通、港珠澳大橋建成，會有更多內地遊客來香港。我擔心，今天極端行為的只是極少數人，以後會不會越來越多？我的議案是從香港、內地兩個角度出發的，主要目的是適度調控自由行規模。譬如，有一個建議就是港澳通行證的期限。現在是在通行證有效期內，甚麼時候來香港都行，很多內地人都在假期特定時間來，香港確實很難接待，如縮短期限，協調人流，不那麼集中，會不會好些？」

（原刊於 2014 年 3 月）

李嘉誠重組旗下公司
是遷冊撤資？

才踏進新一年沒幾天，香港爆出震撼消息。

1月9日中午，長和系主席李嘉誠突然召開記者會，宣佈集團旗下兩家公司長江實業及和記黃埔合併大重組，成為兩家新上市公司：「長實」改名「長和」，然後以換股形式私有化和黃，「長和」持有港口碼頭、電訊、零售、基建、能源及飛機租賃業務；將兩間公司的地產業務放入新公司「長地」，統掌集團在香港、內地及海外的所有房地產業務，現有股東可透過換股獲得新公司股份。「長和」及「長地」會繼續上市，「長實」、「和黃」原在香港註冊，但「長和」及「長地」將改在開曼羣島註冊。

據悉，此番重組行動會在5月完成。35年前李嘉誠出手收購和黃，開始香港首富之路；35年後的今天再施「魔法」，重組長和系。李嘉誠的重組大計，頗獲市場點讚，長實及和黃在美國掛牌的預託證券（ADR），是日晚分別大升10%及9%。重組消息宣佈後，李嘉誠身家一夜暴增158億港元，首富地位鞏固了。

2014年3月，《福布斯》公佈2014年全球富豪榜，香港首富長和系主席李嘉誠續居亞洲區首富，身家達310億美元，與去年相若，全球排名第二十位。不過，步入 12 月，彭博社引述最新數據說，阿里巴巴創始人馬雲，已超越李嘉誠，成為新亞洲首富。馬雲財富在阿里巴巴上市後大幅上漲，總額達 286 億美元，李嘉誠則為 283 億美元。

這些年，港人一直流傳李嘉誠在香港在內地撤資的說法，這次宣佈重組，更改註冊開曼羣島，在香港社會引發喧囂熱議，猜測四起：「超人」李嘉誠是否不看好香港政治、經濟前景而作出變相「遷冊」決定。

記者會上，李嘉誠對外界澄清，兩公司合併重組絕非遷冊，到開曼羣島註冊只是為了方便營商，絕對沒有撤資計劃，承諾不會減少在香港投資。他對國家和香港發展前景的看法沒有改變，重組集團業務，並把公司註冊地改為開曼羣島，只為了方便兒子、集團副主席李澤鉅接捧營商。

李嘉誠這番動作，可以理解為是基於股東利益和經營管理上的商業決定。近年市場對綜合企業的興趣大幅降低，重組後長和系架構變得簡單了，能給市場更清晰信號。正如公司解釋說，「架構重組是希望釋放業務價值，縮窄長實作為控股公司的折讓」。有專家稱，李嘉誠透過今次交易，變相減持中國內地和香港地產業務，趁香港樓價高企，利用地產業務舉債 550 億港元，以支持非地產業務發展。對此，人們沒必要過多臆測，再說公司註冊地點並非是最關鍵的，重要的是會否繼續在香港投資。

李嘉誠解釋集團並非遷冊。確實，這不是新概念了，現時有多間上市公司或其母公司，如華潤置地、合興集團等，都在開曼羣島註冊。再說和黃業務遍佈全世界，有很多海外資產海外業務，這樣做也無可厚非。香港近八成上市公司，其母公司都不在香港，是正常的商業運作。

有專家說，長實只是利用開曼羣島的稅務優惠，長和沒有將資產移離香港，特區政府應該留意會否影響該公司在港的稅務。李嘉誠的舉措是資產重組，完善業務多元化和國際化的一步，相信中央不會太在意。1983 年正值中英就香港前途談判，怡和集團在當時遷冊甚至解除在港的上市資格，一度觸動中國政府擔心商家撤資的神經。李嘉誠變相遷冊與當年怡和遷冊背景不同，一是李嘉誠似是商業考慮多於政治考慮，二是現時中國也不擔心香港沒商界資金，內地有大批富商在港，不少香港上市公司是內地企業。

不能否認，這兩年香港政壇發生的一系列事件，肯定不利營商環境及影響投資者信心，這並非空穴來風。不說這次長達 79 天的非法佔中雨傘運動，就說 2013 年 3 月那場 40 天的葵青貨櫃碼頭工潮，是香港戰後最長的一次工人運動。有學者認為，工運領袖在協助工人爭取權益時，用「文革方式」製作李嘉誠大頭相片，施展百般污辱手段，令李嘉誠極為不爽。

在日前的記者會上，李嘉誠被問到對香港政改前景的看法時，他的反應無疑是明確而又「憂形於色」的。他說：「這是港人第一次『一人一票選特首』，任何情況下，我都希望方案能通過，最低限度可以『一人一票』，三個候選人可以有挑選機會；沒有第一步，何來第二步？有普選一定比沒有普選好，向前走總比原地踏步好，如果政改原地踏步，全體港人都是大輸家，你同我、香港人全部都是大輸家。」

李嘉誠是香港舉足輕重的工商界領袖。向前走總比原地踏步好，這既是常識、也是現實。李嘉誠這段話，是一名睿智長者和成功人士的肺腑之言。政改這第一步邁不開，後果就是只能原地踏步，繼續由選委會 1 200 人選特首，令 500 萬選民「一人一票」落空。政制原地踏步，不僅市民無緣一人一票選舉特首，更會因為普選落空而令政爭沒完沒了，社會更加撕裂，影響投資環境，香港難免加速被邊緣化。

李嘉誠日前出席長江集團週年晚宴致辭時說，目前國際油價驟然出現幾乎史無前例的暴跌，令他想起老子的話：「飄風不終朝，驟雨不終日。」是啊，狂風刮不了一早上，暴雨下不了一整天，聯想到香港政壇，人心思穩，劇變噪音只是短暫的。

(原刊於 2015 年 1 月)

競爭力失金　香港響警號

這兩天，與多批香港朋友茶聚飯局，都有一個共同話題：上海迪士尼樂園。事緣一家香港媒體獨家獲得最新航拍畫面，拍到上海川沙鎮「上海國際旅遊度假區」內的迪士尼樂園工地，整個工程已建設過半，以全球最高的「奇幻童話城堡」為中心，半徑約 2 公里範圍內，被一條人工開挖的「護城河」圍起，周邊道路及通往樂園大門的主幹道完工，兩座酒店封頂，園內工人仍在趕工，工程車輛出出入入，地鐵站、碼頭及多項遊樂設施現出雛形。樂園明春揭幕迎客。據悉，上海迪士尼樂園首期面積是香港樂園 3 倍，開業首年可接待千萬遊客。

對此，香港人嚇了一跳。10 年前，香港人就把上海迪士尼樂園視為競爭對手，指上海向香港「搶客」。好長一段日子，上海迪士尼樂園，究竟建不建，建多大，何時建，始終是「自我感覺良好」的港人所關注的。

這些年來，「自我感覺良好」幾乎是香港人一種通病。其實，要比較香港與內地，考慮幅員差異，內地龐大，偏遠地區相對落後而文明程度差，必定拉低中國人均所得；香港地小，只相當於中國一大都市，應該與京滬相比才妥，拿香港與全中國比，是自己騙自己，當然會「自我感覺良好」。當年，因為擁有迪士尼樂園，香港人的「自我感覺」更好了，而今，上海迪士尼樂園一旦落成，香港人便又輸一城。

港人熱議滬港迪士尼話題的前一天，茶餘飯後的話題是深港競爭力排名。是日，中國社會科學院發表最新一期《兩岸四地城市競爭力藍皮書》，指香港 2014 年在綜合經濟競爭力方面被深圳超越，由第一位淪為第二，是 13 年來首次失落榜首。《藍皮書》顯示，2014 年綜合經濟競爭力指數排名前十的城市依次是：深圳、香港、上海、台北、廣州、天津、蘇州、北京、澳門、無錫。與 2013 年相比，變化最大的莫過於深圳首次取代香港躍居綜合經濟競爭力榜首。藍皮書顯示，在「綜合增量競爭力」方面，香港由 2013 年第 18 位，下跌至 2014 年第 32 位，但香港「可持續競爭力」則仍高踞第一位，其後是上海、北京及澳門。

這份《藍皮書》認為，從綜合增量競爭力分項指數來看，香港整體依然很好，但「守成有餘，創新不足」的城市發展局面，卻始終沒有改變，香港過於看重貿易、金融、航運、旅遊、專業服務這五大產業，而對不少規模較小、新興但極有潛力的產業關注不足，從長遠看缺乏新型產業引領。香港缺乏支持創新科技發展的計劃，土地和房屋供應嚴重不夠，阻礙經濟發展。《藍皮書》認為，香港和內地城市差距正在縮小，香港應抓住與內地合作機會，以免在內地自貿區興起時被「邊緣化」。

近一個時期，多個國際與內地有關競爭力的調查，香港的排名都顯示下跌。瑞士洛桑國際管理學院的《2014 年世界競爭力年度報告》，香港排名被新加坡超前，跌出前三甲，是 10 年來首次，主要是科技與發展滯後；不久前，世界經濟論壇發表的《旅遊業競爭報告》，香港在 141 個國家及地區排名第 13 位，尚算不錯，但在「價格競爭力」則排第 127 位。

這次，深圳之所以躍身而起拔得頭籌，有學者認為，正源於其以創新為城市發展新動力的「深圳模式」，歸功於深圳民營經濟活力與包容創新精神。香港一直被指太依賴服務業，2013 年佔本地生產總值（GDP）高達 92.9%，特別是金融、地產及離岸貿易，特首梁振英提出發展創新科技產業，並改組創新及科技諮詢委員會，但據 2013 年 GDP 按行業分佈數據，資訊及通訊業務只佔 GDP 的 3.6%。反觀深圳的產業較多元化，製造業佔 GDP 的 43.4%，服務業佔 56.6%，製造業中的「新一代資訊技術產業」更佔整體 GDP 的 15%，反映深圳對創新科技產業的重視。

在香港，創新科技是待開拓荒地。政府要成立創新科技局，有專責部門推動創新科技，卻在立法會上遭泛民主派的立法會議員兩次「拉布」反對，最終令設立創新科技局議案泡湯。各方即使政治立場不同，都不應該拿經濟和民生做籌碼。香港多年來陷身政治泥淖，內耗空轉，總體是吃老本停滯不前。當下，如果政局更混沌，社會更撕裂，前景更難樂觀。對經濟發展而言，香港最致命的或許是 2014 年的「佔中」行動，「佔中」過後，激進反對派又發起接二連三的衝擊水貨客行動，香港的法治法規基礎受損，國際形象遭遇重創。

近期，愈來愈多香港人探詢「香港會否盛極而衰」？香港競爭力出了問題，已是客觀事實。香港經濟發展江河日下，競爭力被深圳超過是早晚的事，只是比外界預期的來得早了些，這無疑是響得更洪亮的一大警號。

（原刊於 2015 年 5 月）

特首「愛共」和泛民「活着」

那天週一，一早上班，在港鐵站拿了一份免費報《都市日報》。打開第二版，赫見通欄大標題：「特首愛共黨是不言而喻」，標題還用了引號。這標題嚇我一跳：特首一定要愛共產黨嗎？愛香港愛國家，我都能理解，但要愛共產黨？

這是一篇報道。記者寫道：有外國記者問全國人大常委會副秘書長李飛，特首要愛國是否需愛共產黨，李飛回答說：「歷史證明中國共產黨得到了全中國各族人民的衷心愛戴和擁護，所以擁護這樣的一個中央人民政府，對特別行政區的首長來說，是不言而喻的。」

李飛的話是說，擁護這樣的一個中央政府，對特首而言是不言而喻的，怎麼也得不出「特首愛共黨是不言而喻」的結論。但這張報紙的大標題就這麼明明白白寫着。我不知道這位起標題的編輯是甚麼立場，是故意如此挑起事端，激起讀者對李飛的厭惡，還是語文水準實在太低。

起個好標題是編輯記者職責。人們常說：眼睛有神龍會飛，標題有神文添彩。文章需要好標題，對新聞而言，更是如此。新聞標題，是在新聞正文內容前面，對新聞內容加以概括或評價的簡短文字。記得當年上大學，教授上課時說過，標題的作用是劃分、組織、揭示、評價新聞內容，吸引讀者閱讀。按不同的分類標準，標題有主題、引題、副題、插題、提要題、邊題、尾題、欄目題和通欄題等。

再看一個標題。9 月 12 日，《蘋果日報》引述西方一家通訊社報道稱，香港中聯辦主任張曉明上月與香港反對派會面時提到，「『泛民』能『活着』足證國家包容」，並據此質疑中央「唯我獨尊」。張曉明隨即撰文澄清他當時的原話：「在『一國兩制』下，宣稱以『推翻一黨專政』為宗旨的『支聯會』現在還能舉行各種活動，『支聯會』的成員還可以當選立法會議員，這本身就體現了一種很大的政治包容。九七前不是有人擔心回歸後他們在香港根本待不下去了嗎？現在說這種話的人不是還活着，而且活得好好的嗎？」張曉明說的是「還活着」，文章標題卻變成「能活着」，原話明明說的是「支聯會」，怎麼就被搬到「泛民」身上去了呢？

可以這麼說：文章標題，就它的生動而吸引人講，應該使讀者「一見傾心」；標題，就它的簡潔明快講，應該讓讀者「一目了然」；標題，就它對新聞內容的高度概括講，應該是「一語破的」；標題，就它的筆觸犀利講，應該是「一針見血」；標題，就它的邏輯說服力講，應該是「一言九鼎」；標題，就它所提供的信息含量講，應該是「以一當十」；標題，就它的含意深刻講，應該讓讀者「一唱三嘆」；不過，標題，就它對新聞事實講，應該是「一片丹心」，即忠實於新聞原本的文字內容。

讀 8 月 30 日《明報》，有一篇評論文章，標題是〈師奶都懂的假普選〉。作者在文中講述了師奶逛超市的比喻，不過，這樣的標題，對師奶的歧視躍然紙上，作者彷彿在說：這假普選，連師奶都懂，難道你還不懂？師奶成了一個低級的標杆。這是一種偏見，是一種蔑視，是一種鄙視。

真是不巧，本文所選的個案都是針對泛民的。看來，文章的作者也好，編輯也好，心態的浮躁下，為反建制反政府反中共，只貪圖標題的「一目了然」、「一針見血」、「一言九鼎」，內文描述的真相究竟如何，也就不講究了。

（原刊於 2014 年 9 月）

香港有一個常用詞語「活化」

那天與「香港戲劇教父」毛俊輝聊天，談到戲曲的現代化。他說，所謂「現代化」，就是讓有傳統價值的戲曲作品展現新面貌，讓當下觀眾能接受，能理解，能欣賞，產生共鳴，或者稱作一種「活化」的工作。聽到「活化」兩字，一愣。「活化」，是過去幾年香港出現的一個常用詞語：活化歷史建築夥伴計劃、活化工業大廈計劃……

上週，去了剛落成的荃灣保育活化項目「南豐紗廠」，新舊交織的環境激發無限創想。紗廠外牆，是一幅幾層樓高的巨幅紡織女工肖像黑白版畫，這是一位葡萄牙藝術家的畫作，成了紗廠新象徵。邊上一堵矮牆的彩色壁畫，是另一番味道，穿戴得體的女工站在紡織機前，畫工活潑，色彩斑斕。

走進紗廠，便被其全玻璃幕牆所震撼，改建後的紗廠明亮前衛，驟眼一看，似乎不夠「原汁原味」，再細細看，發現紗廠原有的支柱都保留下來了。那道超過 60 年歷史的樓梯依舊留存，沒有重新上漆，以「素顏」示人。把原本面貌呈現公眾面前，是最好的保育方式。走進紗廠大堂，迎面所見是接待處背後一片佈滿金杯的幕牆，它原身是舊紗廠的大閘。原以為走進紗廠能看到保留下來的大型紡織機器，用實物反映香港紡織業的歲月，但據說南豐紗廠停產後，機器早已搬走，再沒能找回來。如今能看到的是「金杯牌大閘」，還有「五廠鐵閘」、「太平桶」、「廠房樓梯」、「長木櫈」……這些當年的細節，都藏着半百年歷史故事，待今人品味。

南豐紗廠建於紡織工業全盛時期，曾經是香港最大紗廠之一。在上世紀五十至八十年代，製造業是香港經濟支柱，以紡織機製衣業最為強盛。七十年代，香港有數十家紗廠。當年香港女子愛選擇去製衣廠打工，如今是香港一代人的集體回憶。隨着紡織業北移，南豐紗廠於十多年前停止運作，成了一座倉庫。配合特區政府活化工廈的政策，南豐集團為這幢建築物賦予新的生命和新的內涵，昔年紗廠成了當下時裝界創意地標和孕育年輕設計師的搖籃。

今日南豐紗廠，由「南豐作坊」、「南豐店堂」、「六廠紡織文化藝術館」三大支柱構成。「南豐作坊」主要為與時尚及科技有關的初創公司提供辦公場地；「南豐店堂」有各類文藝創意商舖及食肆；「六廠紡織文化藝術館」主打紡織文化藝術，以展覽及共學形式推廣紡織文化。

一個保育活化項目，不只是建造那些吸睛的「打卡熱點」，更重要是它應該怎樣跟社區互動共長。在南豐紗廠，見到幾位「前女工」，她們每天從香港各角落趕來這裏，兼職縫製布袋，重溫當年溫馨時光，一位「杏姐姐」說，「自己親手製作一件衣服，很有滿足感」。南豐紗廠活化項目梁姓市場總監說，「我們希望南豐紗廠能帶給今人生活上的啟發，就算是買一盆花這麼小的事也行」。或許，為大眾提供靈感，才是活化保育的首要目的。

半年前，參觀過正名為「大館」的香港中區警署建築羣，這是香港賽馬會花了 38 億港元活化的項目。這些年，香港保育活化工程不少，有建於 1902 年的大嶼山石仔埗街的舊大澳警署，2012 年活化成為「大澳文物精品酒店」；建於 1921 年荔枝角青山公路的前荔枝角醫院，2012 年活化為饒宗頤文化館……

活化工廈計劃是香港政府自 2010 年 4 月起實施的公共政策，容許 15 年以上舊工業大廈業主，免補地價將整幢工廈改裝活化，作其他用途，例如改建為寫字樓、藝術工作室等。活化又稱激發，粒子（如原子、離子）從外界獲得足夠能量後，其電子由較低的基態能級躍遷到較高能級的過程，有菌種活化、機械活化、生物活化、塑膠活化……一句話是活化智慧。活化傳統文化核心是兩個途徑，一是讓它有用，二是讓它有新的文化意義，兩者須兼而有之。

（原刊於 2019 年 1 月）

下篇

李家超：為國安法保駕護航

香港添馬添美道，政府總部東翼10樓，特區政府保安局。這一天，2020年7月9日，香港《國家安全法》實施第九天，保安局長李家超在此接受筆者獨家專訪。之前六天，即7月3日，港區國家安全委員會成立，李家超是主要成員之一。

他繫着暗紅色領帶，據他身邊的人說，他習慣繫紅領帶。據色彩潮流分析大師說，紅色象徵着激情和力量，也象徵着權力和忠誠。這些日子以來，他幾乎天天要為《國安法》保駕護航而在各種場合發表講話。9日的前一天，他在立法會上說，政府無計劃禁止警方使用「鎖頸式武力」，即警員用膝蓋跪壓頸部方式制服嫌疑人，由2019年6月「反修例風波」至今，沒有因警方執法而令人死亡的事件。他的這番話迎來網絡上頗多掌聲。

他認為「鎖頸式」不是「殺人武力」，任何武力都有風險，不視乎武力方法，他強調香港警方過去一年的執法表現「恰如其分」。當警方面對生命威脅，在拘捕過程中面對有人掙扎或搶犯，此時使用武力是合法的，也是必須的。他指出，根據警例，警方有責任採取合法措施保障公共安全，會根據現場情況，包括所受威脅及對抗程度作出評估，從而使用需要的武力，武力選擇包括口頭、徒手、警棍及胡椒噴劑等，須符合使用武力原則，並會在情況許可下發出警告，讓對方有機會服從。

9日這一天，李家超撰文，對香港《國安法》第43條所授予的執法措施而制定實施細則作解釋，強調這符合香港《國安法》總則對尊重和保障人權的要求。這篇文章又熱爆網絡而盛傳。他指出，實施細則的七項措施中，四項是現有法例已有的做法，只是使其適用於香港《國安法》的罪行，這包括搜查處所；要求受調查的人交出旅行證件；凍結、限制、沒收及充公與危害國家安全罪行相關財產；要求有關人士回答問題和提交資料或物料。這些措施無別於現有法例的做法，大致上是將這些條文抄錄入《細則》內。

他又指，由於國家安全涉及國家層面的複雜和敏感資料，細則要求截取通訊及秘密監察，須由行政長官批准（侵擾程度較低的秘密監察可由首長級警務人員批准）。有關程序設有多項保障條文，以平衡對人權的保障。這做法和很多國家由總理或部長批准的做法類似。他表示已發出《運作原則及指引》，警方要遵守。《國安法》訂明國安委對措施有監督責任，行政長官亦可按細則委任一名獨立人士協助國安委履行這監督工作。

這幾個月他一直在為《國安法》落地香港忙忙碌碌，他感歎休息的時間「絕對是不夠了」，但想到責任重大，自己唯有更積極推動。朋友們都說他強於自律，每天只睡五六個小時，好在他練氣功超過20年，也練詠春。他說，「我修習氣功多種，一指禪、少林禪功、道家氣功、培元功等」。他現在坐着，會自我運氣貫氣，內氣發功，疏通經絡，調整陰陽。他說，「要立一個大法，影響香港所有人以後許多年，自己少睡就少睡點吧，想想我們的孩子未來都會受這個大法影響的」。以下是一個半小時的訪談摘要。

***

問：香港《國安法》中多條提及「煽動」、「教唆」犯罪，如第29條說透過各種非法方式引發港人對中央政府或特區政府的憎恨，有輿論指這是中央「以言入罪」的起端，你怎麼回應？

答：《國安法》的四類嚴重危害國家安全罪，即分裂國家、顛覆國家政權、恐怖活動、勾結境外勢力危害國家安全，談的都是行為。有分主體罪行和從屬罪行。主體罪行都是行為，分裂國家是實施、參與實施、策劃或者組織，都是行為。恐怖活動不用說了，一定是行為。另外顛覆政權也是行為，也是組織、策劃、實施、參與實施，而且做一些破壞性的工作，包括推翻政權、破壞根本制度等。勾結，如偷情報給外國人是行為。另外，勾結後做一系列事，如破壞一些場所，令某一些政權機關不能履行它的責任。這都是行為。這些是主體罪行。

問：主體罪行之外還有從屬罪行？

答：對。包括組織領導、資助、準備實施，幫助、提供方便、煽動。現在談的就是煽動是否就是以言入罪呢？如果這個案件在香港審判，在香港的法院是用普通法審判的。在香港處理的，除55條涉及內容以外所有都是香港警隊處理的，都在香港審判，終審審判也在香港，審判完就完了。「煽動」在普通法裏不是新概念，比如非法佔中，就是煽惑公眾妨擾，定罪的標準，香港的整個社會也知道，不只是講話，是有一些行動推動等，令他人有一些犯法的可能性、意圖，或者真的犯法。所以「煽動」在普通法裏有很多案例，談得清清楚楚，不是單單講話。案例很豐富，而且也不只是香港案例，是普通法國家的案例。所以有些人談這事情其實沒有理解清楚，或者是忘記了非法佔中裏那九個人，就是以煽惑、公眾妨擾定罪，清清楚楚的。這個「煽動」，不只是講幾句話。

問：你強調說，《基本法》第 23 條立法不成，《港區國安法》是填補了這「漏洞」，怎麼理解這是漏洞？

答：肯定是漏洞。反對填補這個漏洞的是甚麼人呢？是漏洞對他有利的人，所以是針對分裂國家、顛覆政權、破壞香港繁榮穩定的這些人。這些人反對是很自然的。舉例來講，如果我有特工現在在香港，我當然反對《國安法》條例，我的特工是會被你拘捕的。這些外國人的利益都是為了自己的國家，不會為了你香港。我覺得我們國家真的已經非常克制了，因為大家都知道，在我們國家的《國家安全法》，前幾年立了新的，所包括的範圍超過十個，現在香港立法只針對四類罪行。全國人大的決定裏說的一點是關鍵的，它是「以香港具體情況去立法」，不是以內地的情況去立法，是非常克制的，而且還表明繼續要優化其他法律去處理國家安全的事件。現在只針對這四類罪行，你還說我們國家在這方面在「壓迫」，這種論調是很沒道理的。

問：一些外國政要和媒體一再妖魔化《港區國安法》，說「外資要撤離，外國人也不會來香港了」，你怎麼回應？

答：我們來看一些很客觀的數據。國家 2015 年立了新的《國家安全法》，立法之前中國吸引外資佔全球的 10.5%，立法之後的 2018 年這個數據是 10.7%，還在上升，從 1 285 億美元增長到 1 380 億美元。所以說投資者都跑掉了是不正確的說法。在內地《國安法》囊括這麼多類型罪行，超過 10 種範圍，吸引外資仍持續增加，香港只是四個，你說外資會跑掉嗎？在國家新立《國安法》之後，內地每年新增加的外國公司，從 2014 年增加 23 000 家到 2018 年增加 6 萬多家。所以每年新增平均增長 9 000 多家。再看入境人數，外國人進入中國，在立法後的一年，比立法前的一年增加 8%。內地有 10 個範圍的國家安全法律，我們只是四個罪行，外資會跑掉嗎？外國人會不來嗎？當然在過渡時期，特別現在用政治抹黑的手段，會有暫時的影響，特區政府有責任去解釋。

問：作為保安局局長、香港國安委成員，該委員會將如何開展工作，能否透露一些情況？

答：國安委的事情不可以公開的。但可以參考《國安法》對國安委工作的明確要求。《國安法》對三個主體（國安公署、國安委、警務處國安處）的規定中，有一些工作是共同的，要共同維護國家安全，此外，第一，政策的制訂，對三個主體都有要求，香港特區政府制定維護國家安全政策，是國安委的責任，也是國安處的責任，也是國安公署所具有的給意見、給建議的責任。第二，情報的收集與分析，這也是共同要求。第三，我們的協調機制。畢竟《國安法》是新的法律，新的法律整個體系怎麼推進，怎麼部署工作綱領，設置這麼多單位，協調系統就非常重要。《國安法》中對這三個主體單位都有協調要求。全國人大常委會在研究這個法律時相信也考慮到，維護國家安全是長期且充滿挑戰的工作，過程中一定有很多大家可能現在看不到的問題。要用法律手段，防範、制止和懲治，需要協調的單位，政府中有很多不同單位，我紀律部隊就有六個，都要協調怎麼合作、配合。整個政府不同的團體，包括教育、媒體等，《國安法》中都有要求。所以面對新的挑戰、新的問題，重要的是大家協商、協調，聯繫好。綜合來講三個要點：政策、協調、情報。

問：那麼辦理案件方面呢？

答：國家安全處會辦理案件。在第 55 條中寫明，駐港國安公署可對某些案件行使管轄權。公署落地，對香港而言，我覺得除了法律上要求它做的工作以外，一個更關鍵的就是顯示的決心問題。之前那幫違法分子，那幫幕後主腦，就是看到我們對《基本法》第 23 條立不了法，他們看清楚我們手段有限，於是就這麼囂張。但是國安公署的存在就明確表明，在處理國家安全的事件上國家的決心是很大的，態度也是明確的。駐港公署署長鄭雁雄昨天也說了，公署是國家安全的使者，使者在了，表明我是堅定堅決的，我也是有辦法的。所以公署成立是一個標誌性的舉措，也是歷史性的舉措。

問：警務處已設立國家安全處。外界有輿論將它與英治時期隸屬於皇家香港警務處刑事部的政治部相聯繫。你能否將這二者作一些對比？它們有甚麼異同？

答：先說不同。一，以前政治部可以不守規矩，我們都看到很多個案：突然有一個人離開香港，不知去了哪。那時人權法也是後期才訂立的。政治部針對的是對英國利益有傷害的事情，所以是針對共產黨的。二，那時候政治部的服務對象百分之百不是香港利益，而是英國利益。現在我們的國安處是以香港的利益、國家的利益為出發點的，我們把香港的利益擺在首位。我們特區政府是執行處理危害國家安全事件的主體，也是希望我們百分之百地可以處理，當然《國安法》第55條留下中央權力。但如果我們預防、制止工作做得好，就不會有嚴重案件，第55條就可以不用。三，一定有法要依。首先《基本法》是我們的憲法文件，政治部沒有這些規範，我們的規範包括人權，包括兩個國際條約中保障港人享有的合法權益，在《國安法》總則中也說明了，既要防範、制止、懲治，也要保障人權。

問：說異同，那麼有相同的地方嗎？

答：當然也有同的部分，政治部與國安處都是為國家利益服務的，政治部為英國，國安處為中華人民共和國。另外共同的是大家對內部人員都要做國家安全審查，對忠誠度、可靠度都有嚴格要求。還有就是對保密的要求，因為涉及國家安全，對手也都是高手，都是國家級特工。所以都是對人的要求高，要求能力高，包括分析力、洞察力、個人素質等。

問：香港《國安法》中提及國家安全處「可以從香港特別行政區以外聘請及格的專門人員和技術人員」，對此你怎麼理解？

答：這是在立法時全國人大常委會的構想。他們在處理國家安全案件時明白對手是甚麼層面的，是國家級對手的話，那香港只靠一個治安警隊的話，在科技上有沒有能力應對呢？舉個例子，如果香港沒有網絡高手，就可以請外援。當然就我個人來講，希望所有案件都由香港特區政府處理。當然我會培訓人員掌控各種專業，以處理不同的大案重案，但如果突然有個很重要的大事發生，比如對方有生化武器攻擊，那我們本地沒有這方面的專才，就可能要外請補缺憾，畢竟我們在處理國家安全事件方面的經驗，雖然有一些，但還不是太豐富。

問：英美等國家近日一再鼓吹實施香港《國安法》違背了《中英聯合聲明》，你怎麼回應？

答：《中英聯合聲明》有八點：（一）中國於 1997 年 7 月 1 日對香港恢復行使主權；（二）英國將香港交還中國；（三）中國對香港的基本方針政策共 12 點，包括香港享有高度自治，享有行政立法司法及終審權、法律制度不變，政府的組成，社會經濟制度不變，權利及自由等，並且將其列於附件及將依此制定《基本法》以規定之，並在 50 年內不變。八點中其餘五點包括過渡安排、土地契約等。《聯合聲明》有三個附件。中國已將這些政策方針制定為《基本法》，因此完全履行了《中英聯合聲明》。今次香港《國安法》的制定，沒有觸碰《基本法》，《基本法》原封不動。香港《國安法》頒佈在港實施，也是按《基本法》第 18 條行事。因此任何國家指中國違反《中英聯合聲明》都不符事實，是一種徹頭徹尾的誤導。

問：《國安法》在澳門已推行多年，不久前你出訪澳門，你認為澳門有哪些經驗值得香港學習？

答：澳門國安立法後一個案件也沒有發生。給我的啟發就是看重預防，從而制止非常重要。澳門經驗給我的印象就是要早預防，往往就能更好地處理，讓老百姓不犯法、不做錯事。現在我們也有《國安法》，教育工作、宣傳工作一起做，這個過程會把香港整體對國家、國家安全的觀念變得更好，更明白。所以不同領域，包括家庭、社會、教育，有影響力的人、意見領袖等一起做工作，對此，我非常樂觀。

（原刊於 2020 年 7 月）

鄧炳強：憂慮暴力演化本土恐怖主義

疫下又現「攬炒」，元朗再度暴亂。暴徒罔顧社區播疫風險，2020 年 3 月 21 日晚上藉所謂元朗「7.21 事件」八個月，在元朗聚集，堵路縱火，投擲燃燒彈，不少人沒戴口罩，其後迅速散去，警方拘捕約 60 人。是晚，銅鑼灣時代廣場、柴灣港鐵站也有人非法靜坐。3 月 23 日凌晨，上水警察宿舍發生一個半月來第四宗汽油彈縱火案，有黑暴人闖至宿舍外，向停車場連續投擲三枚汽油彈縱火，警察趕來兜截拘捕一名懷疑涉案單車漢扣查。

疫情襲擊下，黑衣暴亂已有所收斂。不過，預料疫情過後，暴亂仍捲土重來。6 月「反修例事件」一週年、「七一」回歸日、9 月香港立法會選舉、「十一」國慶日，必定是燃燒彈再現的日子。近日網上盛傳一幅圖表〈香港人唔好（不要）麻木 —— 抗爭歷程最難以忘懷的〉，表中列明：6 月 9 日，百萬人反送中大遊行；6 月 12 日，警民衝突；6 月 16 日，民陣遊行 200 萬＋ 1；6 月 21 日，不合作運動；6 月 26 日，G20 集會……9 月 2 日，開學大罷課；9 月 4 日，撤回條例；10 月 1 日，國殤遊行；10 月 4 日，禁蒙面法；10 月 11 日，陳彥霖被自殺；11 月 4 日，周梓樂墮樓；11 月 11 日，中大攻防戰；11 月 16 日，理大圍城戰；11 月 24 日，民主派奪九成議席；疫情後光復香港……

3 月 20 日，香港警方高調反恐演習，引發全球關注。因應黑暴變本加厲，已走向極端的本土恐怖主義，特區政府跨部門反恐專職組，在落馬洲支線管制站舉行代號「奪峰」反恐演習。警務處、消防處、海關及入境事務處 4 部門 250 人參與演練，他們分別模擬蒙面「暴徒」，在小巴站旁的垃圾桶放置土製炸彈，造成大規模「傷亡」，又模擬在離境大堂發現爆炸品，由爆炸品處理課機械人即場引爆。反恐專責組高級警司朱文龍說，近日破獲多宗爆炸品案，反映本土恐怖主義已在香港出現，極端暴力分子的手法，與外國常見的恐怖襲擊相似。

煽暴派不斷鼓吹違法暴力，包庇黑暴、煽動仇恨，製造本土恐怖主義滋長的土壤，是催生本土恐怖主義組織的罪魁禍首。香港飽受黑衣暴徒發動的本土恐怖主義威脅，於 1 月底至 2 月初短短七天內，香港發生三宗爆炸品案，包括長沙灣明愛醫院炸彈案、深圳灣口岸管制站爆炸裝置案、港鐵羅湖站車廂爆炸品案。3 月 8 日，警方偵破近期發生的三宗炸彈爆炸案，拘捕涉嫌涉案 17 人，檢獲多個土製炸彈半製成品和 2.6 噸製造炸藥的化學物品。事件顯示香港本土恐怖主義組織已具雛形。香港警方多次果斷出擊，制止恐怖暴力襲擊市民和警方的恐怖血腥事件發生。事實上，昨日警方破獲的案件，還只是冰山的一角。據警方紀錄，過去七個月，香港已發生最少 11 宗爆炸品案件，當中涉及外國恐怖分子經常使用的 TATP 烈性炸藥、鐵釘炸彈等，由 2019 年 12 月至 2020 年 1 月，警方已檢獲五支真槍，包括一支 AR15 步槍，其中一宗案件，甚至有暴徒意圖開槍謀殺警員。據警方稱，這些查獲的炸彈、槍械，足可武裝一支小規模軍隊。

3 月 11 日，「世界正義工程」公佈《2020 年法治指數》，香港評分為 0.76 分（以 1 分為滿分），分數與 2019 年不變，維持在東亞及太平洋地區位列第五，並在世界排名第十六。據悉，香港 2019 年有近六萬宗罪案，較 2018 年大幅增加 9.2%，警方分析或與下半年反修例風波令警方需抽調人手處理暴力事件有關。由於近期示威活動減少，警方已調撥更多警員重投巡邏工作，警隊並計劃增加三個防暴大隊，令陸上總區有兩隊俗稱「藍帽子」的機動部隊，確保有能力應對暴力事件，避免日後再有暴力事件時要從各警區抽調人手應對，影響日常警務工作。

香港灣仔警察總部警政大樓 42 樓。2020 年 3 月 19 日，按約專訪警務處處長鄧炳強。乍一見，他胸前那條紅色領帶特別耀眼。在多個場合見到他，他都是黑西裝、白襯衫、紅領帶。很多名人要人都熱衷繫紅色領帶，穿淺色襯衫和深色西裝，這不是巧合，有研究色彩的潮流分析大師說，紅色繞不開「力量和激情」，「紅色領帶象徵權力」。這一天，正是 55 歲鄧炳強接任警務處處長整整四個月。警隊過去一年面對自 1967 年以來從未發生的大挑戰，鄧炳強說，「正面地看，能遇到這些事，可能是時代選擇了我，能面對這些挑戰，也是好的經驗」。

鄧炳強 1987 年加入香港警隊，2012 年晉升總警司，2016 年出任人事部主管，2017 年晉升警務處高級助理處長、兼任行動處長，2018 年獲委任警務處副處長，2019 年 11 月 19 日，出任警務處處長。這些年，他穩扎穩打，一年一步，他處理過諸多重要任務，2014 年出任港島總區副指揮官時處理非法「佔領運動」、2017 年以行動處長的職位負責中共中央總書記、國家主席習近平訪港時的保安工作等。近一個小時的訪談，他回應筆者十多個話題。

***

問：都說「三人成虎」。當下的香港，各種助長暴力活動的謠言跑在真相前面，挑動「仇警」情緒，警方也召開記者會澄清，但似乎還是無法從深層次解決這些假新聞的問題，警方還可以從哪些方面着手加大力度？

答：這些假消息、謠言，不僅對警隊，對整體市民的傷害也很大。因為他們如果誤信了這些不真切的消息，就會覺得我們警隊不專業，就會影響他們對香港警察的信任，從而也會影響公眾利益。首先我們自己有很多不同的方法澄清事實，越來越多元化，也越來越快。以前只有記者招待會或許比較被動，現在我們會第一時間出新聞稿、第一時間發出信件。比如有個別議員有些不真確的傳言，我們會第一時間給他們出信。有時我們還會即場即刻打電話上電台澄清。第一時間在臉書上放短片澄清，我自己及很多同事都會第一時間站出來，從各個角度描述事實真相。除了我們警方自己站出來澄清之外，政府和社會上很多堅信真相的人士，都會主動為警方澄清、講公道話。我們發覺一定要把這些不實消息盡快澄清，才能令社會恢復對警方的信任。另外，我們明白有人刻意抹黑、孤立警隊，所以我們更應該增加和社會各界的聯繫，包括進一步改善和非政府組織、學校、傳媒界，和各方的關係。

問：除了警方事後澄清之外，我們也注意到警方工作的透明度在改善，是不是有這方面的努力？

答：是的，最近這段日子，我們也在力求增加工作透明度。舉例說，之前有些指控說我們在新屋嶺對男女示威者性侵性暴力，我們除了已經安排監警會參觀，接下來都會安排立法會保安事務委員會的委員和新聞界的朋友來參觀，希望透過增加我們工作的透明度，令這些謠言消退。不過，有些人執意炮製謠言，無中生有，故意抹黑，我們再澄清也沒用。我們始終希望他們有指控就要拿出事實來證明，他們都不願意去投訴。我們始終希望能做好自己的工作，對於一些不正確的指控，我們要及時站出來澄清。另外，我們副處長郭蔭庶到日內瓦在聯合國人權理事會上發言，回應外界指「反修例」事件中有關「警暴」的情況，在國際場合的層面，將我們香港警察的實際情況公諸於眾，揭露極端暴力分子的惡行，這非常重要，效果也不錯。我們今後會繼續爭取多一些國際場合的亮相，如果國家或香港政府認為能為我們提供更多適當的場合，我們都願意身體力行。

問：香港電台《頭條新聞》對警隊的污衊造謠，你兩次去信廣播處長作出投訴，接下去是否還會有進一步動作？

答：我們尊重新聞自由、創作自由、編輯自主，有時對於我個人的演繹我也不介意。但最重要的是，不能誤導市民讓他們覺得警隊做事不專業，做事馬虎，影響市民對我們的信任，我認為這是會影響公眾利益的。所以對於這件事，我們也向通訊事務管理局和香港電台正式作出投訴，我們不是想追究甚麼責任，而是希望未來的相關節目不要再使用這樣誤導性的方法，影響市民對我們專業的懷疑，從而影響公眾利益，這是我們最終的目的。

問：最近警方查獲一系列炸彈炸藥事件，這已經涉及反恐層面的問題，坊間普遍認為這麼多炸彈炸藥和境外勢力脫不了關係，回歸前香港有政治部專門處理這方面的事務，如今政治部沒有了，警方是否會吸取當時的經驗，有比較特別的部署處理？

答：對於可能存在的恐怖主義活動，包括一些國際性的恐怖組織，我們都會關注，近期我很多次都提到，可能會有本土恐怖主義部署一些大破壞性的、不理市民安全的活動。我們警隊有不同的單位來處理這些案件，包括一些情報單位以及一些行動單位，如爆炸品處理科、反恐特勤隊、一些特警等。另外在調查方面，有組織罪案及三合會調查科也會對恐怖活動作刑事的調查。我們警隊有不同的部門去推進這些反恐工作，也有足夠的經驗及能力，去處理這些可能會發生的恐怖事件。

問：你說正與律政司研究，將近期多宗爆炸品案，改為引用《反恐條例》控告其中三宗案件的六名被告，能否對此作些解釋？是否藉此告訴人們，香港有恐怖主義？

答：一些行為如果導致嚴重財產、人命傷亡，或對公眾人士有危害，而其意圖是強迫特區政府做事，已經符合罪行元素。黑暴武力升級，發展到用真槍實彈和土製炸彈脅迫特區政府，公眾安全面臨巨大威脅，其形式和手段與恐怖主義同出一轍。我們只是基於事實，事實是如何就如何。香港近來屢屢發現炸彈甚至真槍實彈，有黑衣魔威脅政府不答應其訴求就引爆這些炸彈，對香港公共安全構成很大威脅，顯示正逐步演化成本土恐怖主義，我們正與律政司研究會否改以《聯合國（反恐怖主義措施）條例》提控。昨日更以視頻拆解香港法例中對恐怖主義六種行為的定義，強調為反映有關罪行的嚴重性，並提醒市民要和暴徒劃清界線。香港法例對恐怖主義有清晰定義。根據香港法例第 575 章《聯合國（反恐怖主義措施）條例》（反恐條例）第 2 條，恐怖主義行為包括六種行為，而該行動的作出或該恐嚇的目的有兩點：（A）意圖是強迫特區政府或國際組織的，或是威嚇公眾人士或部分公眾人士；（B）是為推展政治、宗教或思想上的主張。就嚴重案件，警方有責任研究最合適的罪名，反映罪行嚴重性，我們只是根據調查相關爆炸案件所取得的證據，考慮是否有人涉嫌觸犯香港法例，同時亦會諮詢律政司專業意見，對被捕人提出最合適的檢控。

問：據說還在去年你擔任副處長時，已擔心「反修例」示威者的行為會否演化成「恐怖主義」行為。

答：示威者在網上呼籲遊行，到有人鼓吹擲汽油彈，甚至寫武器攻略、殺警指南，再演變到有人教製作炸彈，這令警方十分擔憂。不幸的是真的有人造炸彈，並放在公眾地方，不只是像最初針對警察，現已發展到將炸彈放在港鐵車廂，這是極其危險的。自去年底起，警方接連破獲不同爆炸品案。這些

「孤狼式」案件犯案人基本上都是反政府思維，有不少參與過「反修例」暴力行為。

問：你稱警方計劃增聘 2 500 名警察，現在進展如何？「反修例」風波以來報名當警察的人數是否受影響？

答：招聘 2 500 個新同事，首先要等財政預算案通過了才能正式招聘。除了佔最大部分的警區人手、機動部隊增加三個大隊，其餘有部分人手負責反恐，及其他支援工作。我們過往的 10 個月都留意到，招募警員也是個挑戰，一是這個社會氣氛，二是外面有一些仇恨警察的情緒，對我們的警務人員作出一些所謂「起底」的情況，這些都可能在某種程度上令部分投考人在短時間內有些猶疑。但整體看來，事實上還是有不少對社會有理想、有抱負、希望挺身而出維護正義維護香港治安的人。比如投考輔警的人數比起過往竟增加了七成，我們覺得社會上還是有很多熱心的人站出來。

問：對於招募的過程你們有甚麼部署？

答：招募是很多元化的，包括有不同宣傳，透過一些職業博覽會，或者個別院校幫我們推廣。除此之外，因為退休年齡提升到 60 歲，我們也會進一步對一些工作過的、社會經驗豐富的人士做一些推廣。我們的招募本來就是全年推進的，過往暑假可能會集中一點，今年的情況未必一樣，會依時間有不同程度的招募工作。

問：香港警察與中國內地公安，以及在國際上與英美、歐洲等一些國家的相關機構的互動交流，能否給讀者介紹一下？

答：香港是中國不可分割的一部分，同時也是一個國際性城市，對於一些跨境的罪案，例如香港人犯了法回內地，尤其是電訊詐騙，這些跨國的國際性犯案，我們也都非常關注。與內地的聯絡，我們有聯絡事務科，在情報上和行動上開展交流，包括訓練方面也都有合作。至於國際上，我們也透過國際刑警和外國的一些執法機構有情報交流，也有訓練合作。

問：你上任後，警方止暴制亂，針對黑衣暴徒的犯法犯罪行徑，「圍城封路攻堅」、「放手精準拘捕」的新手段讓人們眼睛一亮，有網民認為一改前一階段「優柔寡斷」、「不敢出擊」的被動狀態，請問，警方在戰術上是否有特別改變？

答：我們都是因時制宜，根據不同情況運用不同的策略。中文大學和理工大學的暴力事件，令市民對這些暴徒的惡行看得更加清楚，也都開始厭棄及譴責這些暴力。我們也發現經過這兩個事件，所謂的「和理非」，即所謂和平示威人士出來包圍大幅減少。這就令我們執法能更有效率，可以集中我們的執法力量應付暴徒。其實作出拘捕的行為一直都是我們的主要策略，千萬不要犯法，不要使用暴力，誰犯法使用了暴力就抓，是我們的底線，是基本策略。

問：很多人都會提到七一暴徒衝擊立法會，不理解警方為甚麼不及時出手抓人。你一上任後理大就是包圍，出來一個抓一個，這種情況沒有再出現，這是不是你戰術上的變化？

答：這個是要看當時情況和當時的限制，我們很難每一個行動都用同樣的處理方法，每一個情況都是用當時分析過最適合的方式處理。最近「和理非」出來的人少了，令我們的執法就更加有效。還比如有些暴徒認為在一些地方犯法是避風港，比如商場，以為我們警方就沒辦法，這些都是誤解。只要犯法，無論在哪兒，我們都有法律權力去抓捕。對於商場，我們也有針對性的策略，抓了不少人。六月到目前為止，抓捕了大約 7 800 人，檢控都超過了 2 200 人。

問：今年還有幾個標誌性日子，包括 6 月的「反修例風波」一週年、7 月香港回歸紀念日、9 月香港立法會選舉、10 月國慶日，根據你們掌握的情報，黑衣暴徒會不會再有新一波行動？

答：我自己相信像去年 8 月到 11 月最壞的情況已經過去，但我們也留意到，社會上還有很多人在煽動和鼓勵年輕人用暴力來表達他們的不滿，這確實令人擔憂。前些日子，還是不斷有一些暴徒在旺角扔汽油彈、放火、堵路。在未來的日子裏，由於 9 月有選舉，包括這些週年的日子，我們也都很擔憂有暴徒出來襲擊、破壞的情況。就算籌劃發動這些活動的人是想和平示威，但我們很擔憂一些縱暴人士會趁示威人數多而採取暴力行動。這幾個月的暴力情況稍微有紓緩，我們就有更多力量處理日常的罪案。過往因為對付暴力示威、甚至暴亂的情況，令我們的日常防治工作少了很多警力，因此罪案多了，包括搶劫案件，還有交通執法，之前人手比較短缺，現在都在逐漸恢復。

問：你如何看待區議會議員刻意刁難政府部門代表，特別是針對警方的言行？

答：區議會代表地方市民，我們很樂意在防止罪案方面與區議會合作。我們警察是不搞政治、沒有政治傾向的，最重要是防罪滅罪。但是很可惜，我們發現部分新一屆區議員卻把工作重點放在政治方面，並非包括治安在內的民生問題，他們利用一些政治場合進一步傷害打擊警隊的執法能力，企圖進一步孤立警隊，甚至在一些場合下羞辱我們警隊。我們一直堅持自己的原則，就是警方的職責是撲滅罪行，其他的事情跟我們都扯不上關係。

問：警務處與四個警察職員協會的關係如何？一些協會常常針對涉及警務的社會現象發表聲明，一些反對派對此批評違反公務員「政治中立」的原則，你怎麼看？

答：我們警隊有四個職員協會，包括警司協會、香港警務督察協會、海外督察協會、香港警察隊員佐級協會，這些職員協會最初的目的是組織一些福利，或者就關注的事情對我們警隊提出意見。我覺得警隊兄弟姊妹之間的感情是很重要的，所以我們和幾個職員協會都保持緊密關係，我們的目標都是一致的，他們關注的事情都是我們關注的，能夠爭取他們的福利我們都會盡力去做。同時，我們也有責任就一些限制與他們溝通，他們亦很理解，合作非常之好。作為職員協會，有些看法要表達，表達看法是不是就政治不中立？我覺得不是。雖然不能牽扯到政治，但是很多事還是可以有自己的看法的，協會對一些事情有自己的看法要表達，我都覺得可以理解。有些人特別針對警隊，孤立警隊，作出一些不實指控，職員協會出來對一些針對警方的指控作出澄清，這些都是可以理解的。

問：你出任「一哥」，很多讀者希望對你多了解一些，問一個私人問題，你現在還運動嗎？最近讀甚麼書嗎？

答：我以前每天都會戶外運動，主要是跑步，現在時間安排緊張，運動也明顯減少了。年輕時喜愛踢足球。最近常閱讀一些時事分析的書、人物傳記等，我是想多點理解這個社會。

（原刊於 2020 年 3 月）

曾偉雄：
絕不能讓不守法意識蔓延

這又是香港法治蒙羞的一天。

修訂《逃犯條例》風波未息，2019 年 6 月 21 日，金鐘、灣仔一帶，示威行動再度升級，數萬示威者早先聚集金鐘，堵塞立法會出入口；再佔據夏慤道，包圍警察總部，雞蛋扔警、阻礙警車、膠紙封天眼、粗鐵鏈鎖閘；再「快閃」湧堵稅務大樓、入境事務大樓、金鐘道政府合署。同一天下午，在距離這一帶 30 多公里的辦公地點，香港警務處前任處長、新任國家禁毒委員會副主任曾偉雄接受筆者獨家專訪。談起近來針對修訂《逃犯條例》所引發的連串暴力事件，他直言，目前不守法的意識正在社會上蔓延，比起五年前的「佔領中環」、三年前的「旺角暴亂」，這一次暴力衝擊由入夜行動變為「光天化日」的白晝暴力，而在新聞片段出現參與事件的外籍人士也明顯增多。

採訪當天，警察總部正在被激進分子圍堵，而警員也正在飽受着扔雞蛋、網絡欺凌和語言暴力的衝擊。對此他表示深深的憂慮，他認為這些行動的主要目的是打擊警方意志和衝擊法治，意圖用「森林法則」來掌握政治話語權。他強調：指出特區正面對的問題，幫助市民，特別是年輕人思考如何走出困境，這比僅僅指責批評更為重要。

曾偉雄在香港警隊工作了 38 年，自上世紀八十年代初到八十年代末，他一直從事打擊毒品工作，曾任臥底。2014 年，他挑起「日峰行動」總指揮的重擔，歷經了劍拔弩張的「佔中」81 天。那時的他，連續 79 天在警總度宿以便指揮，創下歷任警務處處長不休假及不回家的最長紀錄。長期的前線工作經驗，令他十分明白警察尊嚴與執法意志的重要。他直言不希望警察捲入議會政治，不偏不倚依法辦事是每一個警察的職責所在，而社會安寧的基礎同樣也有賴於回歸法治。以下是專訪摘要。

***

問：從「佔中」、「旺暴」到如今的反修例事件引發的部分「佔鐘」，此類公共活動的暴力程度似乎在一步一步升級。根據你的前線經驗，你對整件事有甚麼觀察？

答：沒錯，很明顯這次參與暴力的人數更多。它比「佔中」、「旺暴」的時候更嚴峻，起碼「佔中」的時候，沒有這麼多人擲磚擲鐵枝，也沒看到像現在這樣的密集式攻擊，所以令人很擔憂。我發現，此次暴力行動在時間上也有改變。在「佔中」的時候，這些場面多數都在入夜後出現，「旺暴」也是一樣。但這次就在白晝發生了。光天化日，就是視法律如無物。這是令人擔心的地方。

問：那麼對於整個社會的長遠發展來說，這是否存在憂患？

答：對，從「佔中」開始不守法的意識已經在蔓延，而後是「旺暴」，最後到這次的事件，不守法意識都在加劇。社會是需要秩序的，而秩序是透過守法意識去維護的。如果不守法意識蔓延，社會秩序就會受到破壞。如今任意佔領馬路，甚至任意包圍政府部門，這些行為都顯示出不守法意識的蔓延。我認為表達自己的意見也好，不滿也好，都需要以合法的方式去做。但我似乎看到，很多人都沒管這麼多，想做就做，不理合法違法，這就是我所說的不守法意識。

問：如果不守法意識蔓延，你預見會對香港造成甚麼樣的影響？

答：如果不守法意識不能停止下來，香港的局面就難以改善，這才是最令人擔憂的。我希望香港市民明白，香港賴以成功的是法治，走下去也要靠法治，而法治其中一個基石就是警方有效執法。如何做到有效執法呢？就是讓警察可以安心地去依法履行職責。很多同事跟我訴苦，他們只想做好本分，不想捲入政治漩渦。所以，當我們評價警察的工作時，我希望大家能夠嚴格地用法律去看。如果你說他做得不對，就說法律上看他為甚麼不對，而不要以政治立場來作口號式批判。如果人人都不講道理，不講法律，離開理性和客觀事實，公義便盪然無存，社會氣氛就會變得更惡劣。

問：你提到警察在事件中都是依法辦事，那麼你認為香港警察使用武力是合法合理的嗎？

答：香港警方使用武力往往是因為出現了一些暴力場面。在這個情況下，我們可以看到警方使用武力，主要是被動而非主動。事實上，在這次公眾活動中，整個事件不是因為警方用武力驅散非法集結的人羣引起，而在非法集結的人羣，使用了暴力衝擊警方防線，而警方僅在抵抗。被動使用武力是否恰當，我們可以依據當時出現的暴力行為來判斷。透過直播，我們確實看到暴力程度是很嚴重的，足以對防守的警察和其他在場人士的身體造成嚴重傷害。那當時暴力的場面是否算暴動呢？從法律的角度看，人羣先在立法會前庭非法集結，繼而以種種暴力方式向警方施襲，衝擊警方防線，這明顯是暴動行為。

問：關於使用武力的程度，香港警察有甚麼規定與限制？從電視上看，警察在這一邊，磚頭扔過來了，警察一再舉旗（指警方舉起即將使用某一類武器的警告旗幟，以便提醒示威羣眾撤離與躲避）。這個舉旗是有甚麼規定嗎？

答：只要情況許可，警方應先舉旗警告。使用甚麼武力要按當時情況和需要決定，如情況緊迫，沒有警告也可以用。但是警告的好處是讓一些人停手。如果不停手怎麼辦？那就只能使用最低的所需武力來達致合法目的。當日的暴力程度比 2014 年「佔中」時更嚴重，從畫面所見警方若只使用催淚彈，相信沒可能達到阻止示威者攻擊和驅散示威者的合法目的。以使用削尖的鐵枝作鏢槍來攻擊警方的示威者為例，使用布袋彈可能是唯一的選擇。只用催淚彈、橡膠彈，可能是不足夠的。與催淚彈和橡膠彈不同，布袋彈一般針對個別施襲者，因此需要瞄準鎖定目標。布袋彈是非致命性武器，不會入侵身體，只會造成表面的撞擊，等於是一記重拳。

問：面對類似的情況，其他國家的警察，比如法國、美國，他們會怎麼處理？

答：這些國家的警察依法處置這些事件時使用的武力相信不會

低於香港。比如法國的「黃背心運動」，沒有聽說過否認「暴動」，民眾要求撤回「暴動」這一說法。又比如美國的「佔領華爾街」運動，警察使用的武力值一點也不低。現在說香港警察在整個事件中濫用武力，我們不妨回想一下，香港警察是不是一個慣性使用武力的警隊？這可以用數據來說明。在日常執行任務時，是否有很多警察在使用武力呢？我們香港每年都有幾千宗公共活動，有多少宗使用了武力呢？你只會看到他們在執勤的時候被罵得狗血淋頭，同時他們又被批評過於軟弱。對於此次事件，警察執法是因為有人違法，若不理有人違法，只顧批評警方執法的不是，這是倒果為因。若不幸變成社會風氣，會嚴重打擊執法人員的執法意志，當警員喪失了這意志，這個社會就會很危險。我們要記住，香港一直以來都是全世界最安全的地區之一，警察盡忠職守肯定是其中一個重要原因。

問：當下的香港出現一種怪現象，一些人不分是非，一味指責用防暴槍對準年輕人是不對的，年輕人偷搶放火，難道不該抓捕嗎？

答：早幾天有關人士還在說有暴動還是沒暴動，現在都不再講定性的問題了，而是講其他要求，要求你怎麼做，做不到就要怎麼樣。有些人不講客觀事實，只憑感覺，只講政治立場，個人感到十分不安。我相信警方當時使用武力的對象是暴徒，不是學生。如果警方真的用防暴槍對待手無寸鐵的人，這當然是不對的。但我們從電視畫面上可以看到，事實並非如此。另外，發生暴動時警方是不是有責任清場呢？我相信是的。清場的目的是防止暴力再發生。如果警方不依法履行職責，是要負法律責任的。因此，回歸事實很重要，但是現在事實究竟是怎樣，大家真的要花點時間查證，因為網絡上假的東西太多，網絡世界就是虛擬世界，容易造成各執一詞，造成對立。

問：反對派認為6月12日警方向「手無寸鐵」的示威者釋放了150枚催淚彈、20枚布袋彈及橡膠彈，數量超過五年前的「佔中」，由此指責警方使用不對等武力，並要求成立委員會調查。你認為此說法有其合理性嗎？

答：我覺得若整體有執法問題，才需要成立獨立調查委員會，從直播畫面上看現在並沒有這種狀況出現，只是個別的執法過程中，可能出現了問題。我這裏說的是「可能」，因此完全可以使用現存的渠道來跟進這些問題。比如，監警會成員都是社會各界的專業人士，都是值得信賴的。

問：在6月12日衝突後，有22名警察受傷，此外警方也拘捕了32名示威人士，有5人與暴動暴力相關，那法律上會不會起訴這批人？

答：看當時情況，出現了暴動怎麼可能沒有起訴呢？剛剛提到社會需要回歸法律，同時社會必須明白為政者同樣也需要回歸事實與法律，不可能為了安撫部分人士的情緒，而不作檢控。另外部分社會人士，事無大小也要求別人道歉，似乎總是別人錯的。這我也有意見，我不希望道歉變成一個「風土病」，你為甚麼道歉呢？你要講清楚。如果警方認為自己某些地方做得不好，他們自己會有決定。我看到當時的情況，警方只是在履行自己的職責。是非對錯，我以為應該是法律說了算。如果你不同意法律，就應該提出修改法律。不應將政治和法律混為一談，否則，誰比較兇誰就贏，這就如回到了「森林定律」，那麼香港會變成甚麼樣的社會呢？如果大家都不依法辦事，大家都認為合法不合法不再重要，社會氛圍是永遠不會得到改善的。從 2014 年吃下了的「苦果」，再到旺角暴亂，這些情況都沒有根本改善，不守法意識的蔓延，造成了今天的局面。香港賴以成功的就是法治，現在我們的路怎麼走下去，很多人很迷茫。我認為社會認認真真的看待法治可能是唯一出路。

（原刊於 2019 年 6 月）

林志偉：示威者襲警是有組織有預謀的

香港九龍大坑西街，西九龍機動部隊行動基地。2019 年 7 月 16 日，香港警察隊員佐級協會主席林志偉聲音低沉地講述着，兩天前在沙田新城市廣場暴力襲警衝突中，13 位警察同事受傷送醫院，兩名警員情況一度危殆，他眼紅了，他眼濕了，他抽泣着。他說：「我看到同事只是盡本分做好本職工作，卻受到暴民如此對待，我不知道怎麼表達自己內心的難受，如果不考慮那麼多，我們警察絕對會採取相對應措施對待暴徒，但我們忍辱負重，面對大部分的年輕人，我們不想他們受傷害。在沙田面對暴亂，我們只是使用警棍，一槍都沒有開過。我們確實是在忍讓，因為我們警隊是文明之師，但是我擔心這樣下去，我同事們的情緒總會有一天達到臨界點。」

一個剛年逾半百的錚錚鐵漢，接受採訪時說起同事的不平遭遇，在你面前突然情緒失控落淚而難抑哽咽，邊上人試圖安慰他，卻又無從下手，只能默默遞出一疊紙巾。過去的一個半月，他所代表的羣體有太多的情緒需要宣洩，突然的情緒變化使訪談短暫中斷，偌大寂靜的會議室唯聞抽泣聲。好一陣，林志偉心情逐漸平復，訪談繼續。

香港籠罩暴戾之氣，已墮入由暴力與仇恨交織的惡性循環。那場 7 月 14 日發生在沙田新城市廣場對警察的暴力事件，讓整個香港社會都為之震驚。沙田大遊行結束後，有示威者進入沙田市中心的廣場擾亂社會公共秩序，警察隨後進入商場驅趕示威者。有示威者站在商場高層向警察投擲物品，也有示威者面對面與警察發生衝突，商場爆發「巷戰」。不少便裝警察和「落單」警察成為示威者追擊目標而受盡暴力襲擊，13 位警員受傷，其中兩名重傷。有位梁姓警員在與同事拘捕一名襲警示威者時，被對方咬掉一截手指，在醫院接受近 10 小時的接駁手術後，才由危殆轉為嚴重。另一名本應月底出現在婚禮現場的重案組探員，因頭部受重創而鼻骨折斷恐誤佳期。以下是林志偉接受訪談的問答摘要，這是他 20 多天裏再度接受筆者獨家專訪。

***

問：沙田新城市廣場暴力事件，一些市民不明白他們為甚麼選擇那裏作施暴目標？

答：大家都知道沙田是一個甚麼位置。新城市廣場是一個大部分內地人都會來購物的商場。這次的沙田遊行就是藉此機會散播對內地遊客的仇恨。其次，遊行太多必然也會影響附近居民的情緒，擾亂居民的生活。組織者們是就是借助這樣的情緒，來宣揚遊行示威活動。最後出現的局面是暴徒們在商場外的破壞和襲擊警察之後，就開始進到新城市廣場裏面。有報道說，立法會議員林卓廷竟然公然走到新城市廣場的管理處，對這些管理處的人說「我不是跟你們說了嗎？你們應該開通道給一些人走，為甚麼最後走不了？」由此可見，這些人早就想到要把這些遊行的人引導到新城市廣場裏。

問：能說說沙田新城市廣場暴力事件，警方傷者情況嗎？現在社會上流傳各種說法，想從你這裏聽到比較權威的說法。

答：當時有 13 名傷勢較為嚴重的警員被送往醫院，輕傷的人員就太多了。被示威者咬斷無名指的警員經 10 小時手術後已接上斷指，但仍需觀察數週才能知道傷勢是否會影響其後續的正常生活。

問：面對警察傷情那麼嚴重，未來你最擔心甚麼情況？

答：我現在最擔心的事情是，我們同事犧牲，一旦出現警察死亡的情況，矛頭就會指向我們的警務處處長，指責他管理不善等。我們警隊內部會由此出現分化，令怨氣堆積。如果前線一再出現受傷的情況，我們應該如何維繫警隊內部的團結和士氣，是我們要關注和思考的。我們的管理層必須確切保障執勤警務人員的人身安全及心理健康。

問：很多市民從電視上看到暴徒那麼囂張，紛紛質問為甚麼警察一再忍讓，一再後退，不動用更高級的武力？

答：我們同事如此受傷害，我不知道怎麼表達自己的難受。如果不考慮這麼多，我們警察絕對會採取相對應措施對待暴徒，但是我們寧願忍辱負重，面對大部分的年輕人，我們不想讓他們受傷害，在沙田暴亂中都是使用警棍，一槍都沒有開過。我們確實是在忍讓，因為我們警隊是文明之師，但是我擔心我的同事們的情緒總會有一天達到臨界點。現在出現了襲擊警察的行為，特別是便裝警察和落單的同事都成了暴徒的大目標，採取集中的攻擊，這些是有組織有預謀的行為。這些有計劃的行為正在威脅警隊同事的生命，這肯定會影響他們的士氣。所以我希望支持與策劃暴動的人，不要將個人與團體的利益，建立在犧牲年輕人的前途或傷害警隊隊員生命的基礎之上。

問：香港警方 14 日進駐新城市廣場執法，有反對派議員質疑警察進入商場圍捕不合法，指稱如此擅入清場行動應予以譴責。不過也有輿論認為，在緊急情況下，警方並無義務於進入商場執法前預先知會商場，請問你對此如何解釋？

答：我們進入商場是絕對合法的，對香港法律有一點點認識的人都不會提出這樣的疑問。提出這樣的問題只能基於以下兩個可能性，一是愚弄香港市民；第二個就是法盲。因此我認為有這樣疑問的人根本不適合做立法會議員。當下有一些立法會議員，在電視鏡頭面前胡說八道，這種情況已經屢見不鮮。比如某毛姓議員完全是在電視鏡頭前胡說八道，歪曲事實，顛倒是非，這些議員把正確的事說成不正確。如此歪曲事實的情況已變成一種常態。我相信有理智的市民都有自己的判斷，知道甚麼是真，甚麼是假。我看到電視訪問中，記者問那個毛姓議員會不會同暴力行為切割？她斷言不會。這些人理應是在立法會議事廳裏面處理立法會的工作。但是他們不做。他們在公眾地方阻礙警務人員工作，現在更在鏡頭面前說不會同暴力切割。因此我把這一班議員歸類為「暴力議員」，直到他們同暴力真正切割為止。他們煽動他人，助其撈取政治利益，其實與暴徒無異，而且這也開始成為一種常態。

問：從電視上看到，一些議員總是站在歇斯底里的暴徒面前，表面看是守護這些暴徒，實質上是妨礙警方執法，警察對此就沒有辦法出手嗎？

答：如果他們依舊站在暴力示威者的前面，我只能說一句「天子犯法與庶民同罪」，有違法者我們必然交給法院處理，這是一個法治社會應該堅持的底線，是法治精神的體現。

問：在衝突現場，也不時看到一些所謂自媒體和網絡媒體的「記者」站在暴徒前面，似是採訪拍攝，實是保護暴徒免受警察採取的行動，這些媒體的所謂「採訪證」是不用花甚麼代價就能輕而易舉領取的，你怎麼看？

答：首先我要強調警隊絕對尊重香港新聞界的新聞自由，並且對記者們在不同的環境下依舊堅持記者的職責表示敬佩。不過最近的活動裏，我們見到有很多舉動有明顯傾向的記者，其中究竟有多少是真正的記者呢？根據我們掌握的資料顯示，裏面有一些人是曾違反香港法律的人，他們自己拿着一部手機，掛着一張所謂記者證就聲稱自己是記者。有一些區議員，拿着一個證件，就說自己也是「記者」。這些身份存疑的人，混跡在真記者羣裏面，引誘我們警隊人員對其執法，從而引起真記者的不滿，指責警方阻礙新聞採訪工作。我們也看到一些媒體直播和採訪時，記者反遭暴徒襲擊。可以說，香港記者的認證並未跟上國際社會的標準，我了解到美國和英國是有一個委員會做認證工作。不過這個涉及到法律層面，應該讓其他部門的同事去思考。我們警隊十分尊重記者這一羣體，我們也呼籲假冒記者不要再阻止真記者的工作，更別有用心挑起警察與記者之間的矛盾。

問：許多市民說，橫掃立法會、咬斷警員手指、磚頭鐵通橫飛顯示的並不是年輕人應有的熱誠，只是激進暴徒的瘋狂破壞而已，在連串暴力衝擊面前還強調甚麼是年輕人對社會「絕望」的緣故，這只是為暴行開脫而已，你怎麼看？

答：政府現在強調要同年輕人對話，傾聽年輕人的意見。年輕人應該愛護，年輕人的熱誠也值得珍惜，但是年輕人只是社會的一部分，還有中年人、老年人等。我認為政府也應該聽聽他們的聲音，不應該偏聽，應平等對待所有的羣體，將比較全面的訊息傳遞給所有的香港人。

問：根據現行規定，任何公眾集會或遊行，只要參與人數超出法例規限，即超過 50 人的公眾集會、出席人數超過 500 人而在私人樓宇舉行的公眾集會，以及出席人數逾 30 人的公眾遊行，就必須在活動舉行前七天向警務處處長提交通知，並在處長沒有作出禁止或提出反對的情況下方可舉行。6 月 9 日以來，每次大規模遊行，示威者總是不按約定路線行進的現象，本質上就是違法的，為甚麼政府還要不停的批准「不反對通知書」？

答：如果我沒記錯，之前很多都是尚未批准的。當開始偏離「不反對通知書」的遊行路線時已經開始違法。警方是在別無選擇下，阻止示威者的違法行為。現在的這些遊行裹着「安全」、「自由」、「和平」的包裝，最後從小型的佔領變成衝擊之後就會有人受傷。因此基於這樣的情況，我認為不批准

「不反對通知書」是有根據的。現在反而本末倒置，有計劃的襲擊警察卻得不到關注。還有，所謂「連儂牆」遍地開花，這種肆意佔用公眾場所張貼並不合法，就算議員要張掛宣傳橫額，也需要預先申請。希望警務處和其他相關執法部門不要再縱容這種違法行為，否則警方將來執法行動時，將難以得到公眾尊重。

問：香港政治事態仍在發展，接下來警方會怎麼部署？

答：戰略的部署不是絕對的，是依據臨場人的走向、環境、對方的行動，最重要是要做到靈活性的行動，而不是如訓練上一般死板。如果要衡量一次行動的成功與否，雖然這次有同事受傷不是我們想見到的，但是最後我們將暴徒驅趕，將違法之人繩之以法，我們的目的就達到了。我們做警察的目標是很簡單的，就是不能看到有人犯法。可以說，沒有一次行動是完美的，看到同事受傷，有血有肉的人看到都會感到心疼。所以我說這些暴徒是野獸，人不會這樣做。我也不會再去譴責這些暴徒，因為譴責是針對人的，是針對尚有理性的人的，對這些作出野獸行為的暴徒，譴責是無用的。

問：從佔中、旺暴到現在「遍地開花」的遊行，你認為警方在嚴峻形勢下依然獲得市民支持的原因是甚麼？

答：我們警隊與其他地區警隊不同之處在於，我們絕對清廉。這就是我們歷經了旺暴、佔中，在鋪天蓋地的謾罵聲中挺住的原因。ICAC（廉政公署）報告顯示，警隊貪污的情況是很少的，一旦我們貪污，市民就不會繼續支持我們。雖然現在事態嚴峻，過程辛苦，但我對結局依舊持樂觀態度。儘管出現了傷亡，但我們警察就是要在最艱難的時刻做到一般人不敢、不願意接觸的事。

問：撐警集會我們可以看到其實有很多人支持警察，但是網上好像很少聽到他們的聲音，你怎麼看呢？

答：現在一旦有人或公司、團體在網上公開支持警隊，就有可能被騷擾，甚至影響到線下實體店舖生意。以上種種，就是有預謀、有組織的批鬥行為，他們批鬥的對象是一些支持正義的人。這無疑是在散播「白色恐怖」。我希望社會各界人士，不管是為了香港還是為了下一代，都應該大膽挺身而出。但最終我還是希望一些規模和影響力大，以及為國為港考慮的團體，可以把大多數的聲音有系統的帶出來。作為政黨意見領袖，把正確、正義的話講給香港人聽，而不是為選票而逃避責任，這才是正確選擇。如果領導者和有份量的社團都不發聲，那麼沉默的大多數又怎麼有勇氣呢？

（原刊於 2019 年 7 月）

胡英明：
對在囚年輕人管教管控嚴格

香港西貢清水灣道 399 號，一大片蔚藍色建築物。藍色是給人希望的顏色。高度設防的壁屋懲教所，關押青年男性還押犯人和定罪犯人。大牆內外，處處鐵絲網、攝像頭，在外人眼裏，這裏充滿着神秘感。不過，大牆外，第三波新冠疫情捲土襲來；大牆內，依然是零感染，相較於世界各地一些國家在囚感染人數，這裏的「安全」令人敬佩。2020 年 7 月 8 日，記者走進壁屋懲教所。穿過多重鐵閘，經多個崗哨檢查，記者隨身攜帶的手機、電腦、藥物都不能帶進去，暫存專用櫃。

目前在香港懲教院所在囚人數，以 2019 年 12 月 31 日統計，服刑人數總共 5 424 人，其中 21 歲以下有 172 人；還押人數總共 1 599 人，21 歲以下有 102 人。以 2020 年 5 月 31 日統計，服刑人數共 4 934 人，21 歲以下的 133 人；還押人數共 1 937 人，21 歲以下有 152 人。

據警方公佈涉及反修例的拘捕數字，一年來被捕的有 9 000 人，有 1 609 人為未成年人士，當中有 635 人年齡不足 16 歲。有四成是學生，年齡最小的只有 11 歲，其中 1 900 多人就讀大專或以上、1 600 多人是中學生、8 人是小學生。持續一年多的暴力風波，有年輕學生受極端思潮荼毒，不顧學業，走上街頭參與違法暴力活動，有個別甚至作出近乎恐怖主義的違法行為。《港區國安法》實施後，可以預期的是，法庭正陸續審理「反修例風波」相關案件，最近將會有一大批年輕人被送進懲教院所。因應這個情況，懲教署一直監察着社會狀況，作出很多對策，在人力物力、安全保安上都有新的部署，包括擴大特種部隊編制，有足夠資源應對新發生的情況。

近年，香港社會出現一種奇怪現象，一些政客不時重複「坐監光譜論」，身為律師的公民黨立法會議員楊岳橋等在公開場合美化違法行為，竟然聲稱「留案底能令人生更精彩」云云。任職懲教工作 30 年的懲教署長胡英明說，「監獄不是樂園，也不是提供給公眾人士鍛煉的場所。入獄並不會為你的人生增添色彩，離開監獄後頭上並不會讓你有光環。我從未見過一個人會以坐牢作為人生目標」。以下是筆者對懲教署長胡英明的訪談摘要。

***

問：剛才考察了在囚人士的生活、學習的一些場景，管理運作上給人印象是一所「學校」，你說「監獄不是樂園」，怎麼理解？

答：任何一個正常人，即使意志再堅定，一旦被我們鎖上手銬、帶上囚車、關押在懲教院所裏，感覺是非常痛苦的，會有很多人不習慣。獄中衣食住行與外面相比，可謂天壤之別。在進來初期，每天聽着關鐵閘的聲音，感覺非常痛苦，不習慣獄中生活的人往往會精神崩潰的。很多年輕人被他人利用，運毒販毒、打架結社、暴力對人，幾乎都有一個共同點，就是有幕後主腦會用花言巧語哄騙你，稱兄道弟，表示會同富貴、共患難，使這些青少年有存在感和英雄感，義無反顧去犯法，還聲稱即使你被逮捕了，我作為大哥會包辦你的生、老、病、葬，利誘下青少年信以為真。但出事時，他們總是第一個逃跑的人。當你入獄，失去利用價值，幕後主腦便失蹤，不會有人在乎你。有很多青少年過來人都很後悔，但最痛苦的是全家人一起受苦。

問：如何看待 2019 年 6 月至今「反修例風波」以來青少年違法暴力行為？

答：這些示威被捕的青年人的思維，與販毒搶劫、結社鬥毆而被捕的年輕人確有不同的地方，但犯法就是犯法，每個人都有理想有理念，但是不是要用武力去爭取呢？真的不忍心看到年輕人在其最光輝、最要了解世界發生甚麼事情的時候，被押進監獄，來體驗監獄。可以有很多途徑去圓夢，但絕對不可以用暴力。我見過不少案例，年輕人坐牢期間，雙親離世，再也無法孝敬父母，是非常痛苦的事情。但你是可以選擇不走這一步的，一羣年輕人在一起，受幕後主腦誘導是很容易出事的，不辨黑白，人越多，出事的機會越大，等同玩火，你一拳，我一腳，容易出人命。我們要為他們拓寬思維去實現自己理想，不管你犯甚麼法，我們一視同仁，不會標籤任何人。我們採取「懲」和「教」兩個概念，給他們人生第二次機會。10 年前，香港青少年再犯罪率為 24.2%；最新數據是 9.8%。我與同事們都為這個成果感到開心，也為目前在外犯法的年輕人感到擔憂。我與同事們能幫一個是一個，最好就是你們不要進來，不要給我機會幫助你。

問：你剛才提到「懲」與「教」兩個概念，怎麼理解？

答：首先要確保的就是保安，我們的重要工作就是防止大型騷亂在監獄裏出現，因為這會影響到全港，會成為一個國際話題。我可以明確說，我們有足夠能力和資源去處理這類事件發生。在管理方面，我們同事重在幫助這些更生人士轉變思維。我們有許多臨床心理學家，常常會跟這些學者專家溝通交流，共同商討如何幫助這羣年輕人，提供心理課程輔導。目前我們在辦一個項目，即青年研究所，由心理學家去推出一些課程，讓在囚人士認識自己、拓寬視野。另一方面，是從歷史着手，舉辦「一切從歷史出發」興趣講座。我曾經是讀歷史專業的，覺得學史很有趣，認識歷史就能拓寬人的思維。今天就有一個歷史講座，我們請來學者 —— 香島中學校長鄧飛，以講故事的形式引導在囚年輕人讀歷史而思考人生。其他方面，我們鼓勵年輕人作各種嘗試，比如在餐飲方面，我們現在所處的咖啡廳，你們看這面牆，多美啊，牆上的木片都是年輕人貼上去的，之前因為風雨，一棵樹倒了，他們就一起討論，把這棵樹幹鋸成截片，頗有藝術眼光地黏貼在這面牆上，此外還有智慧家居等，希望能對他們的人生改變有幫助。

問：青年研究所這一項目的對象僅僅是因「反修例風波」在囚人士，還是所有人？

答：是面對所有人的，一視同仁，人人都可以自願參加。我相信，人可以改變人，潛移默化地影響他們。懲教人員對這些年輕人的日常管教管控是很嚴的，同時會給他們提供正面心理輔導。以折毛氈被子為例，要求很高，方方正正，四周起角的，不折好結果會被我同事訓斥，折好被子、擦淨鞋子……他們是無法迴避的，只能逐步學會，最初要三小時折被子，現在只需一小時，他們會很開心，我同事也會誇讚他。正如我說過的，能救一個是一個，但也有人是「死硬派」。

問：擔不擔心青年研究所、學歷史被指責為「洗腦」，會否引發爭議？

答：青年研究所是跟心理學家一起合作，適用於所有人的，我再強調一次，不希望標籤某類人。如果有人說你教中國歷史就是天大的罪，這是天方夜譚。透過學史，知道自己的根在哪裏，拓寬自己的視野。我不怕爭議。我希望他們看事情的視角更為開闊，了解歷史能幫助你拓寬看待事情的視角。做任何事情，都一定會被他人評論，受別人挑剔。重要的是能不能幫到需要幫助的人。如果跟着這些評論的聲音走，是很辛苦的。我管理懲教署，最重要的想法就是能不能夠幫助他人，幫助在囚人士，幫助同事的管理。批評意見我們會聽，也會不斷改善。

問：針對《國安法》、《國歌法》，你們有甚麼針對性的教授教育方法？

答：針對這些，我們除了歷史方面，也會增添公民教育課程，包含《國歌法》，以及最新的香港《國安法》。他們是需要知曉的，實際上所有人都需要了解。我跟教學組說好了，一定要教導他們法律方面的知識，因為他們需要藉此規避違法犯罪，不僅是《國安法》，與《國安法》相關的法律，他們都應該知曉。我們認為他們需要知道的法律，都會放入課程中。

（原刊於 2020 年 7 月）

楊潤雄：
香港教育界亟待撥亂反正

香港《國安法》實施四個月，迎來由亂轉治的重大轉折。教育錯不得，監管鬆不得，教育局無疑是全民話題聚焦點。自 2019 年反修例風波以來，逾 4 000 多名學生因參與非法活動被捕，247 名教師被投訴。10 月 28 日香港教育局局長楊潤雄在立法會回應議員質詢時表示，「港獨」並非可探討的問題，教師絕不應借學術自由或多角度思考的名目，散播不正確的價值觀甚至違法意識。翌日，他接受記者獨家專訪。

走進金鐘添馬添美道政府總部，11 樓教育局。局長楊潤雄這幾天上、下午工作依然排得滿滿，各有幾個不同組別的內部會議，因疫情而改為線上舉行的辦學團體會慶或校慶活動，楊潤雄仍給予支持，預錄演辭致意。中午時間到立法會出席會議，回應議員口頭質詢。筆者專訪一個多小時，他回答了 11 個問題。注意到他那條領帶，藍色底圖，飾以白色花紋，藍底白花，藍白相映，永遠的儒雅。

***

問：都說香港的教育出了問題，學校成了播「獨」場所、港獨溫床，你怎麼回應？

答：這幾年很多社會事件，有部分學生、教職人員參與，反映了整個社會的問題。某程度上是整個社會對修例事件的反應，背後是有很多香港深層次問題，又有外部勢力參與，總的來說反映的是社會問題。從 2012 年的國教事件開始，我們已開始見到一些社會議題影響學校運作。2014 年的佔中對學校的影響越來越大，到 2019 年 6 月就直接對學校造成衝擊。一些以前少見的政治宣傳活動開始進入學校，學生要罷課、要表達，拉人鏈，唱某些歌，整個社會氣氛浸淫學校，反映社會上的躁動波及到學校。過去十幾個月在社會上發生的事，我不會說沒有教育問題，未來在教育方面確實有很多事可以做，但單靠學校教育未必足夠。我們經常呼籲社會和家長教育，一起齊心才能做好這方面的工作，否則當社會躁動時，無論學校如何努力，都不能完全將這些外在力量解除，必須全社會共同攜手。

問：教育局至今收到 200 多個投訴個案，除了宣道小學老師被「釘牌」，其他個案的調查進展如何？

答：我們一直在跟進。自 2019 年 6 月至 2020 年 8 月，教育局共接獲 247 宗有關教師專業操守的投訴。局方已大致完成調查 204 宗個案，當中 73 宗不成立。在成立的個案之中，我們取消了一名教師的註冊，向 21 名教師發出譴責信，向 12 名教師發出警告信，並向 19 名教師發出書面勸喻及向 18 名教師作出口頭警示。其餘的個案有些已初步成立，正依照程序處理。其中有兩個覺得比較嚴重，一個宣揚港獨，且他的專業能力也有問題，例如課堂準備不足，對教學的資料沒有核實和求證，明顯沒有對學生負責任。另一個中學的教材我們也覺得很有問題，目前還在跟進，由於有時候一些老師不是很合作，我們需要花更多工夫。

問：大家覺得宣道小學那個教師的教案是 2019 年 3 月做的，2020 年 9 月才被釘牌，對一個教師採取措施用了一年半，為甚麼要這麼久呢？

答：其實 2019 年 3 月的時候他做了那個教案，直到 2019 年 9 月才有家長來投訴。可能一開始家長也沒看到，或者社會事件之前大家還不是這麼敏感，之後很多人留意到這件事。我們收到投訴馬上就先過去做了一些調查，看了一些資料，覺得需要他作一些解釋。我們的程序裏都會先讓學校做一個報告，了解他在學校的教學狀況，是否有其他問題，也想知道學校作為僱主有甚麼解釋。我們也希望學校有責任能自己先跟進。這個過程學校用了半年時間，2020 年 4 月才給我們報告。時間說長也不是特別長，或許以前少見這種情況，學校也沒經驗。第二，因為疫情原因，學校上半年的工作也受影響。

問：那麼教育局收到報告後呢？

答：收到報告及經研究後，我們初步有個看法，今年 6 月我們就發信讓他們做申辯。7 月我們又再去信通知這個老師可能取消他的教師註冊，需要他在兩週內作出申辯，然後他亦再請律師代表，要求申請延長期限。所以整個程序下來，到 9 月底我們正式取消他的註冊。從整個程序看，前幾個月是沒人提出來，之後一半是學校做，一半是我們做。最近我也在對同事說要總結經驗，怎樣能加快進程；再說，現在法律上常任秘書長除了註冊和取消註冊，中間沒有一個法定權力做其他事，我們發警告信、譴責信也只是一個行政決定，是不是可以有停一段時間，或者不發工資、扣減工資等措施，是不是需要修改法律去做這些事，我們希望趁這個機會研究一下。

問：現在 803 基金會也提出了 18 個涉嫌違法老師的個案，你們怎麼跟進？

答：我們都是一樣處理的了。他們提及的個案，或者是直接向我們投訴的個案，又或者是媒體的報道，我們都會去研究究竟是甚麼情況。我們經常會收到一些投訴，我們都會問知不知道是哪家學校，或者是哪家出版社，如果不知道具體名字，我們就很難做甚麼，不可能一間間去打聽。如果知道哪家學校，我們就可以去查是否有這件事發生。如果有，背後的原因就可以叫辦學團體去調查。所以梁美芬議員或者 803 基金提出的個案都一樣，我們都會用同樣的方法去處理。803 公佈的個案裏面，有部分我們已經在跟進了。

問：803 基金會公開 18 名老師資料，理由是保護家長學生的知情權，是屬於公眾利益，這和你一再強調的保護教師私隱完全不同，你怎麼看待家長、學生的知情權？

答：我們處理私隱問題，首先要看法律有沒有給我們這個權力去公開這些資料。例如很多人拿醫生、律師來做比較，為甚麼他們可以？但事實是，他們的法律確實有這個權力，但我們的法律沒有。我們行政措施就一定要配合《個人資料（私隱）條例》裏的要求。在那裏面，其實都有一個平衡，就是公眾和私隱的比重，哪邊更重一些？原則上我們要保護私隱，但當有一個很強的公眾利益時，這個可以作為一個考慮點，去公佈一些資料。那何謂達到這個公平呢？就要看這個社會過去的做法是怎麼樣，所以我們到現在都覺得在個人資料上，我們會儘量保密，有些個案需要拿出來講，但具體哪家學校、哪個老師我們就不會去公開。香港是法治社會，鑒於 803 基金會已就此申請司法覆核，讓我們再看看法庭如何處理。

問：香港教育亂象是系統性的，校內外相關教育組織沆瀣一氣，比如香港教育專業人員協會是香港「黃」教師的大本營，對此教育局有甚麼措施？

答：教協原本是一個工會，香港處理工會有一套制度和法律，我們會根據那個制度來處理。作為一個工會，它為會員謀取福利是很正常的。但因為政府提供資源給學校和教師，雖然教師不是我們直接聘請，他們所有的福利、薪金都是跟着政府標準。我們處理這些事，不是針對某個組織，而是回歸事件本身。如果教師真的做錯，我們就根據法律做我們應該做的事。如果你明知他錯了，還要幫他、保護他，那只能反映你工會的質素。那麼究竟值不值得參與一個這樣的工會呢？這是會員們需要思考的問題。我們一直說，我們不是針對所有老師，我們只是針對那些做得不好的老師，只有這樣我們才能保護其他的老師。當我們把那些不好的老師找出來，社會才會對我們整個教師隊伍有信心。如果盲目地保護老師，反而讓人懷疑你這個工會是否有明辨是非的能力，還是純粹為了利益去做。

問：從事工會的事務，那與教材和課程就無關了？

答：工會如果只是處理自己的事務，這未必與教育局有關。但事實是，我們和工會在某些方面也是有合作的。尤其是牽扯到教師的薪酬、福利等，我們也很願意聽他們的意見，因為他們始終代表了一大批老師。但在一些專業事情上，比如學校管理、教材課程等，這些就不是工會的工作，也不是他們的處理範疇。當然工會可以表達意見，我們也有依據的程序和方法與工會溝通。

問：香港多個大學的學生會又是香港教育的另一大「病灶」，它們已然視學校及學生會為其「自留地」和「獨立王國」，恣意炮製「反中亂港」思想。對此有輿論指，必須運用法律手段，對這些教育機構及網絡作清理和整頓，局方對此是否有甚麼部署？

答：大部分的學生會都是依據《社團條例》註冊的，香港過去一直以來都是跟隨各個大學的條例去做，而院校亦根據《基本法》享有學術自由。我們現在也在和學校溝通，如何令學生會多做一些服務大學學生的本職工作。某程度上，學生會未必完全在大學條例之下行事。以往院校都會給它們舉辦的活動提供場地，現在是否需要有更清晰的安排？院校給它地方使用的時候，是否需要一些條件，需要一些規矩，以前較寬鬆，但現在可能需要有規矩，講清楚。

問：當前就管理角度而言，香港教育有個問題是教育局沒有權，是「無牙老虎」。在高等教育領域，教育局的權力完全被制定於不同時期的各大學條例所「肢解」；在中小學領域，教育局又受限於所謂的「校本條例」，放任學校自我管理。要實現對教育行政部門重新「賦權」，教育主管部門應實現對教育的全流程管理。作為局長，你對此怎麼回應？

答：在香港的制度下，過去這麼多年，我們把權力逐步下放。香港的制度在教育這方面始終是用比較軟性的制度推進，政府有能力做自己該做的事，只不過在教育層面還是希望大家能凝聚共識，齊心推動，我們會在老師培訓方面做更多工作。大學是很多年前就獨立運作了。當然在資源配合、教育政策上還是會有互動。大學也都知道自己要遵守香港法律，需要維護校園治安。我們透過和校長的溝通，去解釋政府政策的目標是甚麼，希望學校配合。經歷去年的事件，大學在很多方面都加強了管治，下了很大工夫。

問：那麼中小學方面呢？

答：中小學方面，雖然我們在 2000 年之後修改了法律，我們現在的權力主要是在課程、課本以及教師管理上去把關。日常學校管理的事務屬於校本教育，不需要教育局參與。但在大事上，我們會提供很多指引，例如我們講清楚，政治活動不可以進學校，不可以讓學生在校園內拉人鏈示威，做政治表態。這些我們都對學校清楚寫明指引。大部分學校、校長、管理層都是想做好教育，幫助學生學得好。大家都有一個共同的目標，只是有時候我們之間的溝通，可以做得再好一些。

問：目前在學校的香港《國安法》教育，局方有甚麼部署？

答：7月時，我們很快推出指引給學校，讓大家知道有這樣一部法律，學生要去理解它。因為香港《國安法》其中也有一個要求，就是教育局對學校的管理上，能如何體現維護國家安全。我們也在思考，如果學校發生一些違反《國安法》的行為，可以怎麼處理。另一個就是教育的問題。長遠來說，我們會看在整體課程、不同科目的框架裏，有沒有一些牽扯到國家安全的知識要教呢？國家安全的一個重點是國人身份認同。你要認同自己是一個國民，對國家安全有一個公民責任心。針對香港《國安法》我們會再特別做一些教材，供學校使用。

（原刊於 2020 年 10 月）

梁愛詩：今日香港人缺乏同理心

2020 年 4 月 4 日是《基本法》頒佈 30 週年。30 年前 1990 年的這一天，第七屆全國人民代表大會第三次會議通過《基本法》及其三個附件、特區區旗和區徽。同日，時任國家主席楊尚昆簽署中華人民共和國主席令第 26 號，正式公佈及訂明自 1997 年 7 月 1 日起實施，把「一國兩制」、「港人治港」、「高度自治」等原則化作具體法律條文，23 年過去了。《基本法》是根據國家《憲法》第 31 條制定的，是國家的基本法律之一，既對內地有法律效力，更對香港具有法律效力。

《基本法》委員會前副主任、香港律政司前司長梁愛詩接受筆者採訪時說，1990 年全國人大通過的香港《基本法》，由全國人大常委會委任的《基本法》起草委員會，經歷四年八個月的起草工作。委任的 59 個委員中，有 23 個來自香港，所以香港人有參與起草，過程開放，而且常委會組成了一個 180 位港人的諮詢委員會，來自八個界別，在起草過程中提供意見，草案經過兩上兩下的諮詢和修改，經過百多處的修訂，修訂很多也都採納了香港人的意見。所以這項法律通過時大家都很支持，不僅香港人覺得可以接受，英國政府也覺得滿意，因為《基本法》是按照《中英聯合聲明》附件一的原則草擬的，能達到順利過渡的目標，維持香港的繁榮穩定。

23 年來，《基本法》整體運作良好，香港社會趨向穩定，不少港人視《基本法》為「定海神針」，不過在落實中也爭議不斷，第 23 條立法、全國人大釋法、政改普選……從而引發大規模社會運動，百萬人遊行示威、「佔領中環」、「旺角騷亂」、「反修例風波」、「黑衣暴亂」，顯示《基本法》「一國兩制」在香港運行中遭遇逆風，反映一些港人對「一國」與「兩制」、香港定位、內地與香港關係，乃至《基本法》的價值欠缺必要認識。在頒佈 30 年之際，有輿論提出，形勢與現實正發生變化，當年的「寬鬆」和「包容」，帶來了今日的「簡約」和「模糊」，有必要對《基本法》某些條文作出調整和修改。不過，也有輿論表明，《基本法》實施 23 年來，經得起時間考驗，雖然實施情況並非完全理想，但總體成功，看不到有甚麼重大漏洞或必須盡快修改之處。從「修改」還是「不修改」，乃至針對《基本法》實施以來的種種迷思和爭議，發動一場全社會「《基本法》大辯論」，率先組建「《基本法》檢討和修改委員會」，審視《基本法》面對的挑戰有其必要。

***

大半年沒見梁愛詩，走進 4 月，是梁愛詩生日。30 年了，她每年生日就在《基本法》頒佈的 20 天後。2020 年 3 月 27 日筆者專訪時見她，她依然儀態端莊、氣質不凡。記得 3 年前訪問她，她手持那本深紅色封面的《基本法》，16 開大的書四角皆被磨圓。而今她接受訪談，隨身帶的是她所著的《飛鴻踏雪 —— 香港基本法實踐 20 年》。這位《基本法》委員會前副主任、香港律政司前司長在訪問中提到《基本法》條文爛熟於心，從頭至尾沒有翻看一次，足見她的研究功力。梁愛詩說，1997 年 7 月 1 日早晨，五星紅旗在香港升起，向世界宣告香港回歸祖國的程序完成，香港特別行政區正式成立，「一國兩制」、「港人治港」、高度自治開始實施，《基本法》的實踐也正式開始。轉眼《基本法》頒佈 30 年，實施情況如何，值得總結。

她說，從《基本法》落實的過程看，當時通過《基本法》時是一個簡約的概念，體現包容，這個概念完全是對的。問題是履行「港人治港」的過程中，應該不斷豐富它。既要照顧本地的情況，法律制度不變，又要把新的內涵添加進去。最初對「一國兩制」的了解，是保持原來的種種制度不變，大家都覺得這是為了香港的未來，為了港人的未來，大家有個共同目標把它落實。但現在發覺好多人對《基本法》不了解，對自己的國家不了解，沒有一個共同的理念。「一國」和「兩制」不是對立的，而是一個完整的概念。《基本法》對於「一國兩制」的概念、中央和特區的關係、特區的體制、經濟體制、社會宗教文化等政策、對外事務、它的解釋或修訂權等都有規定，特別是居民的權利及義務，是港人最倚重的。

她說，今天的香港就缺乏同理心，既然大家都認為「一國兩制」對於香港來說是最佳的制度，大家應該齊心按《基本法》一步步把「一國兩制」建立起來。回歸不是換一支旗、改一些名那麼簡單，還要經過一段心路歷程、對國家民族的認同、對國民身份的接受。

梁愛詩說，以前認為《基本法》是整個憲制的法律，很少人談及國家憲法，其實憲法和《基本法》共同構成香港的體制，這很重要。比如憲法第 54 條規定「中華人民共和國公民有維護祖國的安全、榮譽和利益的義務」，內地 2015 年通過的《國家安全法》也有兩條說明，第一章第 11 條訂明「維護國家主權、統一和領土完整是包括港澳同胞和台灣同胞在內的全中國人民的共同義務」，第二章第 40 條則寫道：「地方各級人民政府依照法律法規規定管理本行政區域內的國家安全工作。香港特別行政區、澳門特別行政區應當履行維護國家安全的責任」，雖然這個法律沒有納入附件三，但是香港也有義務通過法律，去落實保護國家安全，包括金融安全、網絡安全、生物安全、環境安全等。

有些人懷疑中央對香港的全面管治權對高度自治的限制。梁愛詩說，其實從《基本法》通過的時候，第 12 條就寫明了：「香港特別行政區是中華人民共和國的一個享有高度自治權的地方行政區域，直轄於中央人民政府」。這便是全面管治的基礎，意思是按照《基本法》的全面管治，授權給特區的香港才有，沒有所謂「剩餘權力」，因為它是國家的一部分。所以 2014 年國務院白皮書提出，中央擁有香港「全面管治權」，有人就說中央越來越收緊香港自治權，就是因為他們對《基本法》的原意都不了解，因為這個概念在《基本法》已經寫明了。到現在還有人說除了國防外交以外中央都不能管，《基本法》明文規定哪些是中央政府的權力，哪些是授予特區的權力，問題是大家都不認真閱讀。

梁愛詩認為，香港《基本法》頒佈 30 年來遇到不少衝擊，但法律制度總體「站得穩」，不能說受到衝擊就是失敗。2019 年下半年開始的「反修例風波」，讓不少人認為香港的核心價值法治受到威脅。梁愛詩認為，不管示威者有多大訴求，都不應該用放火扔炸彈、傷人打人、砸爛商店等非法手段去爭取，不合法的就是不合法，沒有所謂違法達義，言論自由不能凌駕公眾安全和公共秩序。梁愛詩認為，要止暴制亂，「暴」要嚴懲，「亂」要疏導，如果年輕人犯的不是暴力、暴動的罪，能不能從輕發落？當然也要讓他們認識到不應該違法。

梁愛詩強調，每個國家和地區的公民都要學習憲法，香港市民也要對憲法和《基本法》有充分認識，這樣公民行使權利時，才會有判斷事情對錯的基礎。市民中有不同意見和《基本法》是一回事，但法律沒有修改的時候還是應該遵守。在這場「反修例風波」中，一些公務員參與非法行動令人們愕然。梁愛詩表示：「政府要依法施政，但一些公務員對《基本法》印象模糊，如果公務員不明白《基本法》的內容和意義，那他們怎麼可能正確執行任務呢？《基本法》教育有一條漫長的路要走。」

近年在香港社會動亂事件中，年輕人往往被推上前線當炮灰，他們輕易被人利用的主因之一，無疑是對《基本法》、對「一國兩制」一知半解、斷章取義。《基本法》頒佈 30 年了，但《基本法》教育仍未納入正規教育。現時香港中小學的《基本法》教育並不完整，主要以各科目滲透，特別是通識科滲透，或各類型的聯課活動、校本推行計劃、週會及班主任課等途徑，讓學生零散地接受《基本法》教育。近年一直被熱議的「通識教育」中雖然包含《基本法》相關的教學內容，但梁愛詩認為，通識教育以時事為主，和教授全面的《基本法》知識不同。現時學校沒有全面的《基本法》教學，對國家憲法和香港《基本法》的關係、「一國兩制」是甚麼，從歷史的角度看為甚麼有「一國兩制」等，不是太多年輕人了解。

最後梁愛詩強調，市民對《基本法》的認識仍有差距，要延續《基本法》的落實，《基本法》的宣傳和教育必須加強，最重要的仍然是市民的醒覺，為了「一國兩制」的長遠發展成功，必須摒棄敵對態度，在《基本法》框架下團結起來，保衛國家統一、領土完整和香港的繁榮穩定，作為每個市民的責任，並共同為這個目標努力。

（原刊於 2020 年 3 月）

葛珮帆：
《國安法》令香港長治久安

這是「姍姍來遲」卻是「毅然亮劍」的一招。在北京舉行的十三屆全國人大第三次會議，為世所罕見對國家安全「不設防」的城市香港，度身定做「香港國安立法」，立法堵塞漏洞，維護主權安全，為本就不平靜的香港投下一枚「超級震撼彈」，一石激起千重浪，更上升至中美角力、中國與西方角力層面，引發全球關注。

香港已經成為國家安全的一個突出風險點。這個風險，來自「港獨」組織和本土激進分離勢力的活動日益猖獗，來自反對派毫無底線的「社會攬炒」、「經濟攬炒」、「政治攬炒」，來自暴力恐怖活動的不斷升級，來自外部勢力赤裸裸地干涉香港事務，來自「台獨」、「港獨」勢力的勾結合流。自非法「佔中」和「修例風波」以來，他們公然鼓吹「香港獨立」、「光復香港」等主張，甚至叫囂「武裝建國」、「廣場立憲」，乞求外國勢力干預、制裁香港。

2019 年 6 月至今，香港共發生超過 1 400 場示威、遊行和公眾集會，不少更演變成嚴重違法行為和暴力事件，「港獨」分子明目張膽在人羣中舉起「港獨」旗、美國旗、英國旗、港英旗等，明顯是分裂活動。「光復香港，時代革命」的口號，也讓「黑暴」、「港獨」和「顏色革命」的本質暴露無遺。凡此種種，無不嚴重挑戰「一國兩制」原則底線，無不對國家主權安全造成嚴重危害。近幾年來，在香港這座受西方經營百年的情報城市，西方一些國家趁機在此安插諜報力量，扶植代理人，外部勢力對香港事務深度干預，更突顯加強維護國家安全制度建設的重要性。

香港作為和紐約、倫敦、東京齊名的世界級大都市，有一個紐約、倫敦、東京卻沒有的特殊名頭：國際情報中心，被稱為「東方間諜之都」，與葡萄牙里斯本、摩洛哥卡薩布蘭卡齊名，並稱為「世界三大間諜之都」；此外，香港還有與德國柏林和土耳其伊斯坦布爾，並列為「冷戰三大特務中心」。香港沒有間諜罪，是全球不多的「間諜安全港」。全世界也不多的東西方情報部門都選擇在這座間諜之都設站，不管是情偵、交換或販賣情報，這麼多年一直很活躍。香港無疑是間諜樂土。

作為一個國際城市，香港享有獨特的情報優勢，作為全球最負盛名的自由港之一，百多個國家和地區與香港都有免簽證或落地簽證的協議，使得各類人員到港極為便利。香港地理位置特殊，透過陸路的羅湖口岸、皇崗口岸以及水路的深圳蛇口等口岸，每日往來於香港和內地的各種人員數以十萬計，這其中不乏情報人員。隨着中國崛起，中國成為各方情治部門重點關注的目標，而香港也作為這些情治部門進出中國內地的橋頭堡。物流、人流極度發達的香港，成為它們蒐集中國情報的便利場所。香港可以接通全世界、資訊完全自由、出入境和資金往來沒有特殊管制。一些港人擁有多國護照，容易成為各國情治部門吸納對象，港人對外來事物接納程度頗高，這為各種勢力在港開展情報活動提供便利的社會空間。香港作為環球航運和金融中心、各國人龍蛇混雜，有利於情治部門洗錢。紙醉金迷的地下生態，發達的商業環境，為眾多情報機構開展秘密行動，披上商業外衣，各國情治部門在香港如魚得水。

早前出版的《政治部回憶錄》、《香港絕密檔案》等讀物，對香港回歸前的諜報戰有不少記述，占士邦電影一再取景香港拍攝，並非沒有道理。美國中央情報局（CIA）長久以來在港「部署重兵」，僅美國大使館編制人員就達千人之眾，其中不少人藉外交身分掩護情報工作，2019 年反修例運動以來，香港媒體多番揭露 CIA 在示威和暴亂中的「影子」。英國政府在統治香港期間還在香港警隊內部設立警務處「政治部」，政治部隸屬英國軍事情報局五處，收集社會主義國家情報，嚴密偵察防範「中共的顛覆活動」。香港回歸前，一批「政治部」骨幹轉至海外，「九七」後回流潛入香港，躋身政府要害部門和重要商貿機構，繼續蒐集情報。台灣軍情單位早年也在香港設站，有媒體披露最多時曾有四個站，在香港還有暗藏槍枝、炸藥的「軍火庫」，不過，台灣情報單位在港據點已撤站十多年，但這並不表示台灣在香港的諜報工作虛無了。

商業法律法規健全的香港，竟然沒有間諜罪，這之前沒有國家安全立法，沒有間諜罪，也沒有專業反間諜機構，這無疑是奇葩的法律設定。據一位法律學者說，即使在香港抓到別國情報人員，最多只是驅逐出境了事，無法在他沒有刑事犯罪的情況下作出逮捕。港區國安立法，就等於有了間諜罪，香港情報活動將有根本性改變，香港間諜無罪的年代一去不復返。不論是西方間諜組織吸收港人，或是情報員在港情報蒐集或販賣情報，都將觸犯法律。香港資深評論員陳光南認為，美國和英國是香港最大安全威脅，「港獨」勢力，在外國和「台獨」勢力的支援下，已在香港推進本土恐怖主義活動，香港《國安法》的制定，就能粉碎外部勢力干預特區事務的陰謀，形成維護國安的利器。

5 月 21 日晚間，十三屆全國人大第三次會議議程公佈，確認議程中包括審議《全國人民代表大會關於建立健全香港特別行政區維護國家安全的法律制度和執行機制的決定（草案）》。這是「一國兩制」與香港《基本法》發展史上的大事，也是作為「一國兩制」唯一立法者主動承擔完善特別行政區憲制秩序之責任的體現。時下，相關輿論場熱傳一本以「香港邁向明天關注組」名義發佈的「法律專家香港國家安全立法釋疑 20 問」的小冊子。據知，這是由中央指定相關專家學者編寫的官方背景的「20 問」，以解答港人疑慮，20 個問答題中，詳解包括遊行、示威、新聞、言論等基本權利和自由，及使用社交媒體會否受制約。

這「20 問」的第 10 問答是：問「為甚麼說香港是世所罕見對國家安全『不設防』城市？」回答是：世界主要資本主義國家都有維護國家安全的法例。香港回歸 23 年來，卻一直沒有根據《基本法》的授權完成第 23 條立法。香港現行法律中雖有一些與懲治危害國家安全犯罪有關的規定，但相關法律長期處於「休眠」狀態，難以有效執行。這些導致香港在維護國家安全方面處於「不設防」狀態，使得香港危害國家安全各種活動愈演愈烈。可以說，香港是世界範圍內維護國家安全法律制度和執行機制最不健全、維護國家安全制度體系最薄弱的地方之一。放眼世界，並沒有看到哪個國家的資本主義制度因為國家安全法被摧毀。為何香港的國安法例就能摧毀香港的資本主義制度？

這場由國家層面推進港區國安立法，最早是 2019 年 10 月末的中共十九屆四中全會明確提出的，要香港特區「建立健全特別行政區維護國家安全的法律制度和執行機制」，但用哪種方案立法，中央始終沒有定奪，多番聽取專家學者的建議和意見，直到 2020 年 2 月，才初步形成方案而最終拍板，原定在 3 月的全國人大和政協「兩會」上宣佈，後因疫情而延後。在 5 月的全國「兩會」上，主管港澳工作的國務院副總理韓正會見港澳區政協委員時說，「這是中央慎重的決策，去年已決定」，用「慎重」兩字說明了決策的不易。

據悉，港區國安立法基本原則分兩步：全國人民代表大會作出關於建立健全香港特區維護國家安全的法律制度和執行機制的決定，同時授權全國人大常委會制定相關法律；全國人大常委會制定相關法律並決定將相關法律列入《基本法》附件三，由香港特區在當地公佈實施。這場港區國安立法，是在香港《基本法》第 23 條立法困境壓力下，可採取的多種法律方案之一。其他方案還有：全國人大常委會以「人大釋法」形式啟動 23 條；中央人民政府指令特區政府在限期內完成 23 條本地立法；將 2015 年國家安全法直接列入附件三予以實施等。比較而言，由全國人大直接制定適用於香港的港版《國安法》，注意與香港本地法律及執法程序的銜接，同時又能夠體現中央對國家安全的完整理解和制度化意圖，是最具權威性及合理性的制度路徑選擇。

今次全國人大透過《基本法》附件三，直接在港實行國安立法，繞過立法會，事前沒有特別風聲。據悉，特區政府、建制派、泛民主派都被蒙在鼓裏，唯有港區人大代表陳曼琪律師，在全國「兩會」召開前幾天，對香港媒體聲稱早前已交中央一份議案，建議中央訂立《中華人民共和國香港特別行政區維護國家安全法》，再根據《基本法》第 18 條第 3 款的規定，將之列入《基本法》附件三，可不經香港立法會審議，直接宣佈在香港實施。這樣就省去了特區政府再推進「本地立法」的環節，既高效快速，又避免節外生枝。困擾北京和香港 23 年的《基本法》第 23 條立法問題也有望儘快落實。

就在全國「兩會」召開的前一天，香港多個中資親北京媒體仍在大張旗鼓報道《基本法》第 23 條立法。這之前，香港各界不時發出關於 23 條立法的積極呼聲，先有香港立法會議員何君堯發起 200 萬人聯署，後有港區人大代表及政協委員透過多種形式提出立法倡議，得到香港社會民意呼應，也得到國家高層重視和回應。

香港回歸 23 年來，由於內地長期秉持「井水不犯河水」的立場，尊重「兩制」差異多於強調「一國」，造成很多港人心中只有「兩制」而沒有「一國」、只有「自由」而沒有「義務」，甚至固化「中央不能干涉香港事務」的想法。近些年來，香港教育、法律、司法、傳媒等領域都染「毒」頗深，當下已經到了中央必須出狠手而徹底根治的時候。

2003 年香港反對派和美英反華勢力、台獨政治勢力等內外呼應，共同發起反對 23 條立法的「去中國化」事件，《基本法》第 23 條所規定的國家安全立法事項被嚴重污名化。23 條立法的缺失，導致香港法律體系在國家安全層面出現巨大漏洞，這也是2019年「修例風波」中，香港激進勢力敢於暴力破壞、外部勢力大張旗鼓挑唆介入的主因之一。

在香港，23條立法始終曲曲折折而難以實施。有學者坦言，建制派沒能在立法會掌握絕對多數，完成立法需掌握立法會三分之二的絕對多數席位，而建制派目前掌握的票數還不足以達到這個目標。2019年底區議會選舉，建制派只獲得一成五議席。2020年9月，新一屆立法會選舉，從目前形勢看，建制派掌握的席位數大概會縮小，屆時更難掌控三分之二多數。其次，建制派內部信心不足，瀰漫畏難情緒，認為「立法沒有時間表」、「有些東西急不來」、「相信今年難以完成，寄望明年」。再者，反對派必然瘋狂狙擊、全力反對。由此可見，香港社會自行23條立法的可能性和可行性相當低。

全國人大授權人大常委會為港區國安立法，激起泛民主派強烈反彈。港區國安立法消息傳出，一些港人霎時間驚慌失措，有的籌劃移民，有的拋售股票，有的擔心無法悼念「六四」，有的憂慮上網要翻牆……這些恐慌心理，要麼是主張「港獨」的暴徒，要麼是誤解國安立法原意。正如那份「20問」的第6、第8問答，已有詳細解讀。

有趣的是，香港《港區國安法》條文尚未公佈，網絡上一些「港獨」網軍紛紛退羣解體，市場憂慮情緒蔓延。近日，坊間不少分析指香港《國安法》會觸發資金大舉外流，港人再掀移民逃亡潮，香港樓市也被看淡……不過目前並未見到這些現象，一些謠言和不實分析不攻自破。

審議《港區國安法》消息公開報道後，5 月 22 日恒指急挫 1 349 點，盡失所有主要平均線及 23 000 關口，雖政治因素籠罩大市，惟恒指夜期反升 96 點。市場人士分析，是日急瀉只是市場反應過敏。經週末兩日市場冷靜後，大市有所緩和，特別是地產股顯著反彈，26 日創兩個月最大單日漲幅。港匯最新走勢也顯示並未見走資潮，5 月 25 日抽高 15 點至 7.7547，繼續貼近強方兌換保證範圍。中概股掀來港上市潮，資金繼續流入。

「香港各界撐國安立法聯合陣線」連日來在全港多區設置街站發起聯署，大批市民紛紛簽名支持，短短三天，已收集到超過 113 萬市民參與街站及網上聯署。聯合陣線自 5 月 24 日發起「撐國家安全立法」簽名行動。首三日，聯合陣線在全港設置街站 2 005 個次，收集到 73 萬多個市民簽名，同時有 40 多萬個市民參與網上簽名。

反中亂港勢力孤注一擲，這一仗遲早要打。一年來，「黑暴」無日無之，禁止不絕。港區立了《國安法》，打「黑暴」，打「港獨」，直擊幕後勢力，斬斷「黑金」鏈條。救香港，就在當下。

說到港區國家安全立法，香港立法會議員葛珮帆接過話題，快人快語的她便侃侃而談。她說：「這次立法非常重要，面對這麼惡劣的環境，國家真的要出手救香港。很多市民聽說要國安立法，都覺得香港的未來有了希望。本來不少市民都打算移民，比如去新加坡會安全一點，那裏有國家安全法。也有很多朋友的子女在學校被欺凌，尤其是那些警察子女，已經準備到深圳去上學。現在聽到要立《國安法》，很多人已經改變主意，因為香港未來都會安全了，子女也不用去內地讀書了。大家都見到，如果沒有《國家安全法》，香港就會很危險，很多市民都無法在這裏安身立命，有了《國安法》，未來香港才能長治久安。」

在香港土生土長的葛珮帆，單親家庭長大，從小獨立自主，三十多年前開始素食，熱愛遊歷體驗，到訪六十多個國家，是為數不多的赴南極潛水的華人女性。她見多識廣，言之有物，很多網友都喜歡讀她的博文，〈駱惠寧「四個該」直擊國安漏洞要害〉、〈煽暴派區議員涉嫌公職人員行為失當〉、〈傅瑩巧發聲善發聲，為中國贏得掌聲〉、〈香港應考慮成立「監察司法及量刑委員會」〉、〈PISA 排名對香港教育改革的啟示〉、〈全民乳癌篩查不能再拖〉、〈改革土地制度迫在眉睫〉……5 月 25 日下午，立法會會議剛結束，她接受筆者專訪。

***

問：港區國家安全立法意義何在，為甚麼要避開《基本法》第 23 條立法？

答：我想最大的問題就是中央政府見到香港現在的亂局，已經到了忍無可忍的地步。香港本來可以自己對《基本法》第 23 條立法，但回歸 23 年到現在還沒能立。現在的政治局面下立法會在短期內也無法完成 23 條立法。大家都看到香港的問題越來越嚴重，越來越多的外國勢力和香港政客勾結，力推港獨，逢中必反，想要推翻政府，差不多是逢政府必反。從違法佔中到現在的反修例，暴力越來越嚴重，已經在使用接近恐怖分子的暴力行為，很多年輕人說自己不是中國人，每逢示威都有人拿着英國旗、美國旗、港獨旗。港獨已經不是一個口號，而是變成一個實際行動，就是想推翻這個政府，要求香港獨立，這對中國的主權、對香港未來的發展都是一個很大的威脅。很多投資者看到香港這麼不穩定、不安全，對投資香港卻步。人才和資金都不來香港，香港就會喪失一個國際城市的優勢。

問：中央立法的目的是確保香港「一國兩制」不變形、不走樣，但泛民主派卻認為香港國安立法就變成「一國一制」了，你怎麼回應？

答：「攬炒派」的說法非常矛盾，如果中央要「一國一制」，一早就可以做了。為甚麼要忍到現在，讓他們有這麼多的「自由」，其實一直都是希望能堅守「一國兩制」、「港人治港」、「高度自治」。但《基本法》第 23 條一直拖着沒立法，香港就成為反中的橋頭堡。太多外國勢力在香港活動，影響國家發展。像戴耀廷這些人都是為了國際制裁中國，已經如此明目張膽，干預打擊國家的發展，才搗亂香港，所以香港在他們手中一直是一個籌碼或者一個工具。香港成了國家安全的缺口，成為犯罪分子打擊國家的工具。他們說國安立法就變成「一國一制」了，又說「香港已死」，沒人來投資，這些都是對香港人的恐嚇，比如「一地兩檢」、「國歌法」，都是用這些方法恐嚇。現在很多香港人已經醒悟，覺得他們都是騙人的。

問：港區國安立法消息公佈之後，網紅蕭若元在台灣就不敢回來了，有不少輿論說香港要出現新移民潮而離開香港，股票市場會呈現恐慌性拋售，你怎麼評析這種說法？

答：當國家下決心宣佈時，其實都已經作出應對各種反應的充分準備，知道會面對一定的衝擊，香港會有一時的陣痛。蕭若元當然不敢回來，因為他支持港獨，在香港參與這些違法活動的人，或者覺得自己日後會觸犯這個法律的，他們當然想逃避法律責任。股票市場的動盪，這兩日已有回升跡象，而且這幾天的一手樓銷售非常暢旺，買樓對於香港市民來說是非常重大的決定，說明他們投了對國安立法信任的一票，如果他們對香港未來沒信心，對香港的法治沒信心，就不會選擇在這個時候買樓。我們周邊的城市，澳門早已對 23 條立法，深圳也一早有國安法，不是都有更多外國投資嗎？所以港區國安立法不會讓外資撤離香港，資金都是看準哪裏安全穩定有發展機會才會跑來投資。國安立法之後，有一段時間或許會出現暫時衝擊，但等到香港恢復寧靜後，我相信投資者和人才很快就會回來。

問：國安立法除了反港獨意義，還有一個作用是針對外國勢力和反間諜活動，對此，你能作些分析嗎？

答：大家都看到現在香港好像「無掩雞籠」，很多外國勢力做些反中亂港的活動，每次暴亂都有外國人做指揮。香港眾志這些港獨組織又明目張膽接受外國資金資助，拿美國錢、台灣錢，做一些違法的推動港獨的事，這個情況太嚴重了，但是香港沒有任何法律可以處理，如果香港不想成為搞恐怖主義的基地，或者看到港獨和台獨合體在香港做事，既然《基本法》第 23 條我們自己一時立不了，國家來訂立港區國安立法是唯一的最佳出路。

（原刊於 2020 年 6 月）

梁美芬：
香港內部撕裂需要鑰匙打開

香港立法會綜合大樓天台花園。2020 年 3 月 13 日，春光，海風。立法會議員梁美芬大律師接受筆者專訪，話題圍繞 9 月立法會選舉前建制派能做甚麼，如何能避免重蹈 2019 年 11 月區議會選舉大敗覆轍。她強調，香港社會亟需展開一場大辯論，明是非，求真相。香港內部的撕裂和政治的張力及糾結需要一把鑰匙來打開，成立「騷亂、社區與受害者委員會」就是一把鑰匙。她說了一共有三把鑰匙。她似乎對「鑰匙」說，情有獨鍾。她贈予筆者一部她寫的書，書名是《改變命運的鑰匙》。她說話，臉上總露笑容，快人快語，不作掩飾，爽朗幹練，俠女作派。

梁美芬認為，建制派要面對 9 月立法會的挑戰，不能迴避問題，要着手部署舉辦一場社會大辯論。暴徒這樣「攬炒」（玉石俱焚），把經濟政治法律法治都弄得一塌糊塗，把香港優勢都毀滅掉，究竟對香港對他們有甚麼好處？他們自己的家人可能也會失業，這絕對不只是疫情帶來的問題，而是他們「攬炒」的態度，不理他人死活，包括帶動黃色經濟圈、沉迷於一些假新聞等。她認為要跟他們公開辯論，不能讓一些假消息在示威者和年輕人圈子中流傳。這些人正是希望建制派迴避這些問題，他們就利用這些假消息亂傳，把年輕人思想帶入誤區。

她說：「建制派一定要正視政治問題。另一方面，反對派又有外國資金贊助，怎麼能有這麼龐大的資源讓他們購買炸彈、搞暴力行為，警方一定要徹查，嚴格執法，法庭也必須嚴懲，因為香港法治的根基已經被他們羞辱得差不多了。建制派檢討自己後，都要向前走。就算政府沒有效率、做得多差，我們都不能任由這些人無法無天使用暴力。建制派要以大局為重，互相扶持，立法會不能落入那些『攬炒派』人的手裏，建制派要竭盡所能去爭取議席」。

現在到 9 月還有半年時間，6 月已經要開始選舉工程。梁美芬認為政府需要在這之前對騷亂事件有一個了結。她說：「2019 年 8 月我就提出，建議參考英國 2011 年治亂方法，成立『騷亂、社區與受害者委員會』，當時，特首設置對話小組，在對話小組之前我書面建議必須成立這個委員會。這個委員會的構思分三部分，一直沒公佈，現在特首說因為疫情現在不想做這件事，我要準備再追問她，因為疫情會持續一些時間，不是一兩個月就會過去的，香港內部的撕裂和政治的張力及糾結，始終需要一把鑰匙來打開，我認為成立某種程度的委員會是一把鑰匙，就算這把鑰匙不一定能打開所有人的心窗」。

至於「獨立檢討委員會」的人選，梁美芬稱政府正努力找退休法官加入，但現在這個政治形勢，沒人想要趟這淌混水。「公眾也無需盲目崇拜法官，因為按各國經驗，這些重大社會事件反而是了解社會發展、了解年輕人問題的人更加適合。我把英國的報告詳細看了很多遍，他們的調查委員都不是退休法官，都是從事社會學方面的，但這個委員會令英國從騷亂中走出來，繼續往前走的。被人批評都沒關係，先讓這個委員會開始工作，這始終是我們社會需要打開的心鎖。」她指出監警會報告不管是好是壞都要盡快公佈，她覺得警隊整體的表現都是良好的，肯定會有個別人做得不好，做得不好的就要面對，香港是個法治社會，最重要是講程序。

梁美芬說，這個騷亂委員會不一定要做獨立調查委員會一樣的工作，她也提出可以根據《立法會（權力及特權）條例》成立專責委員會來調查，從立法會的角度成立一樣有公信力。坊間反對派和示威者一定要獨立調查委員會查警暴，一定要特赦，特赦殺人放火的案子嗎？不可能的，香港又不是改變政權。英國當時這個委員會說了很多次一定要根據法律程序，即使是年輕罪犯，都是跟着法制軌跡，有機會輕判的就上交求情信，表示悔過。研究每一個個案的任務就交給這個委員會，這部分工作都可以維持法理情。要將這些罪行分類，如英國是用特別法庭配合 24 小時工作，很快審判了。

她說：「在這個部分我希望社會不同派別能夠接受，第一保障司法程序，第二符合普通法的精神，有些人真的是無知的被教唆去犯罪的，都可以輕判或監守行為，英國也有七成是 16 歲以下罪犯，法庭就根據個案頒佈監察令，不一定進監獄，多數是監守行為，甚至有發出監管令。英國起碼有數百個案例入監，另過千個都是輕判。英國這個委員會，就認真剖析事件的深層次結構性問題，年輕人為甚麼這麼仇警，大家相信這個委員會，就能接受這個報告。值得參考的是英國成立特別為騷亂設的法庭，我們可以成立一個專門審理相關案件的法庭。」

梁美芬說：「第二把鎖匙，政府要承認自己之前有甚麼做得不足的地方，修訂逃犯條例，政府政治觸覺太落後，沒有一個應對緊急情況的機制，太守舊、太官僚，所以錯過了解決問題的黃金時機，建制派對此是有怒氣的。我們建制派也要承認政治判斷不足，2019 年 6 月 15 日之前還在撐政府。現在政府公信力比較低，不是因為它有甚麼操守的問題，政府是廉潔的，問題是很多政治判斷都不知道轉彎，建制派很多時候沒有發揮力量讓政府煞車，我們也是有責任的。」但她同時也強調，建制派也不應該和政府拉開距離，做得好的也應該肯定，比如財政預算案和這次武漢包機，是態度謹慎而正確的。建制派應站在公眾利益，千萬不能因反對而反對，而是更好監督政府、促進好的政策實施。

她提到第三把鑰匙，則是建議建制派應在這個時間點重新開始：「我們要接受 2019 年 11 月區議會選舉失敗的現實，很多藍營市民對政府失望，也拖累了建制派。我們要重新給他們希望，帶市民從撕裂走出來。」她強調，第一，香港是法治社會，不可能全部特赦，但是根據普通法走完程序，可以輕判的就輕判，畢竟有這麼多年輕人。第二，我們要很坦誠，看 2019 年有些甚麼事件是市民的心結，比如「8.31」、「7.21」事件，應該盡快讓真相大白。「七一佔領立法會」為甚麼不抓人，8 月 11 日被射傷眼的女士為甚麼不讓人拿資料，甚麼浮屍、輪姦等，還有就是外國資金，始終讓人質疑，為甚麼有這麼多資源，炸藥原料和槍械都是哪裏來的？所以兩邊陣營心裏都有怨氣，幾把鑰匙不能解決所有人的問題，但能呈現一個誠意，大家相輔相成。

（原刊於 2020 年 3 月）

郭文緯：北京反對「三權分立」主要針對司法獨裁

頭戴假髮套、身穿黑法袍的香港法官，法庭上慷慨激昂，常予人莊嚴而神聖不可侵犯之感，香港市民大眾不熟悉法律，常常疑問：如果對法官判案有不滿，可不可以指出其錯誤，會否被控告藐視法庭？這個話題近日再掀起討論。有輿論直指「警察抓人，法官放人」已成為香港司法之恥，曾備受人們尊重的司法體系，如今竟然成為社會的譴責對象，香港的司法獨立已淪為司法獨裁，完全不需要問責，現時香港司法機構運作已「千瘡百孔」，市民是否有權合法而據理批評法庭？

日前，曾在英國修讀法律的國藝娛樂主席冼國林對筆者說，英國法學大宗師丹寧勳爵（Lord Denning）在判詞中有一句名言：「我們永遠不會利用藐視法庭的司法權，來維護我們自己的莊嚴，也不會以此來壓制批評我們的聲音。我們無懼批評，也不抗拒批評，因為這涉及更重要的原則：就是言論自由。每一個人都有權對法官作出評論，甚至出位的評論。」冼國林說，丹寧勳爵認為市民可以批評法官。法律界有識之士都認為，香港作為英國前殖民地，既然延續英國普通法精神，香港法官所撰判詞又多次引用丹寧勳爵的判詞，理應也繼承丹寧勳爵無懼批評的精神。

當下，很多人慨嘆，香港司法機構面臨信任危機，其獨立性和專業性正受公眾質疑。特區終審法院前常任法官烈顯倫，9月3日在《明報》發表〈是時候緊急改革了〉文章。在香港土生土長、視香港為家的烈顯倫，批評審理「禁蒙」案的法官自我抬高到全國人大位置。他指出香港《國安法》由行政長官而不是首席法官負責挑選法官處理國安案件，顯然香港司法機構已失去北京信任。烈顯倫舉出多個事例引證法院問題叢生，包括港珠澳大橋司法覆核案、剛果（金）案、立法會宣誓案、西九龍高鐵站案等，法院援引海外的規範和價值的做法，已與普通法宗旨相違背，不適合香港的情況。他又以「最令人驚詫」來形容審「禁蒙案」兩名高等法院法官，指他們把自己抬高到了全國人大的位置，兩人裁定政府引用《緊急法》訂立《禁蒙面法》違憲的判決，是法院對「一國兩制」政策的理解遲鈍得令人瞠目結舌，更成了公開醜聞。至於持續一年的黑暴，列顯倫直指是法院縱容街頭暴力。

香港司法一片亂象，烈顯倫的文章掀起一陣風暴，各路媒體紛紛跟進報道。9月6日，中共喉舌《人民日報》發表「人民銳評」評論文章，題為〈烈顯倫之問振聾發聵，香港司法界是時候回答了〉，文章力撐烈顯倫，指「終於有人說出了正確的話」，稱烈顯倫的文章，贏得香港市民廣泛認同和支持，又稱修例風波以來，香港街頭違法暴力活動不斷，「港獨」、「違法達義」等錯誤言論大行其道，暴力橫行，法治不彰，和司法界的一些人一味姑息縱容不無關係。《人民日報》的評論要香港司法界反思，勿再如迷途羔羊般扭曲《基本法》、歪曲甚至踐踏香港法律，勿再成為街頭暴力的辯護者。

9 月 4 日，身在澳洲的烈顯倫接受《大公報》採訪，回應當下香港熱議的所謂「三權分立」問題時強調，「三權分立」在香港不存在，這一問題沒有討論價值。「分權」並非「黑與白」、「有與無」那樣的清楚切割，「司法獨立」是指法官有獨立的審判權，至於司法機構、司法制度則談不上獨立；是屬於香港特區政府的零部件，而不是分離於政府其他主要機構之外，不是在自己領域內獨立運作，而是要與體制內其他零部件互相配合，在現行憲制下發揮作用。

香港從來沒有「三權分立」，但反對派近日連番發炮，製造所謂「三權分立」的輿論壓力。對此，教育局最近刪除通識教科書中有關「三權分立」的錯誤表述，特首林鄭月娥及教育局局長楊潤雄都強調香港沒有「三權分立」，因擊中反對派要害，引發一陣鼓譟。反對派刻意炒作從不存在的所謂「三權分立」，大律師公會及部分法律界人士攻擊特首「違反《基本法》」、「迎合內地政治觀念」云云。反對派重彈並不存在的「三權分立」老調，旨在否認中央對香港的全面管治權，企圖將香港變成「獨立」或「半獨立」的政治實體。

香港的政治體制是在中央直轄之下、實行以行政長官為核心的行政主導，行政權處於主導位置。自上世紀八十年代《基本法》起草至今，權威人士和專家學者多次表明，香港的政治體制無論在回歸前還是回歸後，都是行政主導，而不是「三權分立」。

在當下香港政圈，「三權分立」是爭論的熱議話題。聯合國反貪專家小組成員、前香港廉政公署副廉政專員郭文緯說，他個人認為，關於「三權分立」主要是北京反對「權」這個字，反對「三權分立」主要是針對司法獨裁。特區終審法院前常任法官烈顯倫也說，法庭這麼多年的表現好像它們比全國人大的權力更大。反對「三權分立」這個說法，是為了說明法庭的權力不是獨大的。早年，所謂的「三權分立」是權力平衡的意思，實際上是三權分工，都是單獨的，對其他有制衡作用。中央對香港司法很不滿意，認為法庭經常挑戰中央和全國人大的權力，所以強調你們不是「權」，而是你做你的工作。不提倡「三權分立」不會影響法官獨立審判，實際運作不會受干擾，如果行政方面出現問題，法庭還是有制衡作用的。這是郭文緯 2020 年 9 月 4 日接受筆者專訪時作出的表述。以下是訪談摘要。

***

問：怎麼理解你所說的「法律公不公正就是看法官是否公正」？

答：我一直認為法官是人，法律公不公正就是看法官是否公正。他們當中難免會有人同情反對派，即使對方觸犯法例也不忍心將其送入監獄。上世紀七十年代，我曾經參與檢控工作。當年，新界只有兩個法庭，一在新界東粉嶺，一在新界西荃灣。這兩個法官正好相反，粉嶺的那個英籍法官是個酒鬼，經常和辯方律師一起吃飯喝酒。在法庭，十件案件，他起碼有六件判無罪釋放。另一個荃灣的法官，與警察關係非常好，經常參加警察活動。在法庭，十件案件裏有九件都判有罪。因此說，判案關鍵是看法官的。今天，多宗與「修例風波」相關的案例也是如此。倘若法官為了釋放被告而歪曲事實，硬指控方證人「不誠實」、「不專業」等以推翻其供詞的可信性。這種做法不但可能違反《法官行為指引》，更會損毀警隊聲譽，使其公信力陷入危機，嚴重損害香港的法治。

問：9 月 3 日裁判官判處壹傳媒創辦人黎智英對記者的刑事恐嚇罪不成立，你怎麼看？

答：黎智英的這一案件也一樣。案情簡單，證據充分，證人是能完整地講出整件事犯罪經過的，所以日前西九龍裁判法院裁判官裁定案件表面證據成立，但昨天最後說事主是個不誠實可靠的證人。最大的問題是，這樣判了案件無罪，是無法上訴的，因為這是一個「事實裁定」，上訴法庭不能說你不信我信。所以法官真的就是最大的。廉政公署也一樣，我們當時控告一宗警察包庇罪犯的貪污案，但控方證人都是這些黑社會成員、色情場所的非法經營者、妓女等污點證人，主審法官就不接受，雖然證供口徑一致，但他認為這些證人只不過是「一堆垃圾」，於是駁回所有證供，宣告所有被告無罪。可見，主審法官擁有不可挑戰的權威，可單憑主觀判斷來裁定案件。如果他不相信證人，便可以武斷地否決他們的供詞，沒有反對的餘地。

問：人們最近議論特別多的是東區裁判法院裁判官何俊堯，你怎麼看？

答：這一年的社會事件中，很明確法官分為黃、藍和中立。對嫌疑人，有的法官往往無罪釋放，有罪也輕輕放過，遺忘了刑罰須具阻嚇作用這一條基本的司法原則。早前有一名年輕人因投擲汽油彈被捕，汽油彈剛好落在已婚警員宿舍的一個單位的窗戶上，無疑是縱火罪，後果可以是不堪設想，最高可被判終身監禁。然而裁判官竟然以「窗戶當時處於密封狀態，對單位沒有造成破壞」為理由，判予被告感化令。很多人確實在議論東區裁判法院裁判官何俊堯處理的那十幾個案件，如果被告自己認罪，就全部都不用坐監，只判處執行社會服務令或感化等；如果不認罪，就全部都無罪釋放。幾乎每個案件所判，指警察不誠實、不可靠、不可信，從這一連串案件可以看到這個法官是不公道、不公正的。

問：被中國內地海警截獲的那 12 個偷渡者都犯重罪，有勾結外國勢力觸犯《國安法》，有製炸彈，有縱火，有傷人暴動，卻都被香港法官判處保釋的，你怎麼看？

答：這 12 個人都是由三個法官給他們保釋的。作擔保當然是一種行之有效的合理做法。但有些嚴重的案件，比如製造炸彈、藏有槍械、暴力縱火，全世界都沒一個法庭可以讓這些罪犯保釋，只有在香港發生這樣的事。12 人中的黃偉然是製造炸藥的，粉嶺裁判法院法官不給他擔保是正確的，但上到高等法院，黃崇厚大法官居然批准他保釋。最大的問題是，法官判錯、做錯事，也沒有任何後果。香港的司法獨立變成了司法獨裁。一些法官似乎故意讓被告有機會外逃。沒有正當理由，他們竟拒絕控方提出限制被告在保釋期間出境的請求，導致相當多的被告棄保潛逃。前「學生獨立聯盟」召集人陳家駒就是一個例子，其「港獨」立場廣為人知，本應被拒保釋，可是他不但獲保釋，更批准他可自由進出香港，他就趁機潛逃英國。

問：針對「司法獨立」變成「司法獨裁」的現象，你認為目前可以做甚麼？

答：首先，馬上可以做的是，終審法院首席法官馬道立應該成立一個內部委員會，來訂立一張法官名單，專門處理這類黑暴案件。這些法官應該證明沒有特別的政治取向。像何俊堯這樣有明顯立場的就不應該讓他再審理這類案件。幾年前英國發生倫敦暴動騷亂，倫敦法院就曾經安排特訂法官 24 小時開庭處理這些案件。香港法院應該效法英國，如果有了一張特訂法官名單，這些法官就可以專門辦這些案件，就可以加班加點馬上處理這些案件，清除案件積壓。反修例風波迄今為止，香港警方已逮捕 9 000 多人，僅有 2 000 人被起訴。還有 600 多宗案件等待審判，一些案件的審理時間已排到 2021 年 6 月。這都表明司法部門並未因案件積壓而加速審理，無視公眾要求採取適當行動以加快司法程序。

問：香港司法改革該從哪些方面推動？

答：現在的香港司法制度從回歸到今天，這麼多年從來沒甚麼改革。英國都做了很多司法改革，與時並進，但香港的司法當局卻令人失望，完全沒有一個改革的心態，所有的都照舊而不求上進。我建議特首林鄭月娥應該在 10 月的《施政報告》中提出成立一個司法改革委員會，這是刻不容緩的。找一些像烈顯倫這樣有權威的、有代表性的法律界人士加入。可以借鑒英國司法改革。第一應該考慮成立一個獨立投訴委員會，好像警察有一個監警會，司法當局的投訴現在都是自己人查自己人。英國早已有一個獨立司法投訴委員會。

問：此外還有甚麼呢？

答：亦應該考慮學習英國成立量刑委員會，由有代表性的法律人士和社會人士就某類案件給法官一些量刑指引，應該如何判刑。那就不會發生像現在很多案件獲輕判，比如任何縱火案最少判一年監禁。現在對法官的判刑不滿意雖然可以上訴，但也要一年以後了。第二，司法覆核濫用，在 1997 年，只有 112 項司法覆核申請，2019 年有 3 889 件，這數字驚人，就是法庭把關不好，甚麼司法覆核都批准，很多是沒道理的就不應該批准。另一個問題不僅是法庭問題，也是政府問題，就是法援濫用。比如港珠澳大橋的案子濫用司法覆核和法律援助，工程延期一年，損失幾十億港元。英國在法律援助這方面也遇到很大問題，所以也作了改革，將法援門檻收緊，規定如果要申請司法覆核一定要有切身的財政損失才可以申請。而法援律師收費應該是最基本的，現在是讓法援申請人有權選擇收費高昂的資深大律師，費用就由納稅人埋單。還有第三是取消外判制度，現在很多法官和檢控官都是請外面的律師，代表政府做檢控和審判，這些外判的檢控官和法官對國家、對特區、對《基本法》都不用誓言忠誠和認同的。他們的忠誠度恐怕着重於他們的同行辯方律師吧。這個外判制度也是英國存留下來的「炸彈」，是為了關照大律師公會的，這些制度都很荒謬，應該取消。司法及法律事務委員會可以考慮將大律師公會和律師公會合併。

問：這是一項特別重大的提議，能不能展開作些闡述？

答：新加坡、馬來西亞，甚至美國都已經不分大律師和律師了，只有香港還把律師、大律師分開，根本就是勞民傷財。香港可以廢掉大律師公會，它本質上已是一個反中亂港組織，律師肯定比大律師多，立場亦較中立。這些都是深層次的問題可以做的。還有一項，英國也已經做了，就是取消了藐視法庭罪，現在整天有人說不能批評法官，批了就是犯法。還有更應該取消的就是大律師法官戴假髮，回歸這麼多年了，香港這個華人的地方怎麼能接受這些假髮，新加坡、馬來西亞都沒有，這都帶有西方腐敗文化的色彩。

問：針對司法改革，民間社會可以做些甚麼？

答：建議民間成立「法庭監察」，香港的公民社會應該設監察機構，以監督法院運作。很多國家像美國、加拿大，以及歐洲都成立了這類法庭監察的民間組織，香港都應該有些有心人士出錢出力，把法官判得不對的案件更加有系統的公諸於世，給當局一些壓力。有網站已經開展了相關的基礎工作，將所有涉及黑暴案件的法院記錄放在網站上，供大眾參考。瀏覽該網站的人很快就能發現有些裁判官多次輕判參與暴亂的罪犯，這個記錄本身就應引起有關方面對該名法官審理案件的公正性作出調查。

（原刊於 2020 年 9 月）

馬恩國：大律師公會成反政府平台

在不同場合常常聽到香港法學交流基金會主席、大律師馬恩國「議論風生」，談香港終審法院第二任首席法官馬道立任內的貢獻和缺失，談香港司法改革堵塞漏洞，談香港大律師公會執委會逐漸成為一個反政府平台……2021 年 1 月 31 日，筆者就此對馬恩國作專訪，訪談摘要如下。

***

問：新任大律師公會主席夏博義聲稱，他會爭取修改香港《國安法》，你怎麼評估？

答：資深大律師夏博義當選為新任大律師公會主席後接受傳媒採訪時表示，他會爭取修改香港《國安法》。然而，香港《國安法》明顯有效地打擊了早前「修例風波」中暴徒的暴力及犯罪行為。據報道所指，他認為香港《國安法》與《基本法》所保障的權利出現矛盾，而且他十分關注，認為《國安法》中的一些條文似乎令某些政府機構凌駕於法律之上。他又說，香港的法治現時是一個艱難的時期。在回應他的言論之前，請先看看英國大律師公會如何回應他們國家的國家安全法。

2011 年，英國政府通過了《2011 年防止恐怖主義及調查手段法》，取替了之前被指沒有實際效果的《2005 年預防恐怖主義法》。該新法例允許政府在未有任何調查結果的情況下拘捕及監禁嫌疑人，並禁止該嫌疑人向法院尋求人身保護令的權利。難道這不是政府淩駕於法律之上嗎？但是英國大律師公會並沒有發表任何批評和譴責此法律的聲明，那是否代表英國大律師公會沒有捍衛法治精神？諷刺的是，英國大律師公會卻於 2020 年 7 月 9 日發表聲明，譴責與他們毫無關係的香港《國安法》。英國大律師公會就是虛偽，但他們發炮對香港國安法打擊亦不是「空穴來風」，而是事出有因的。

問：為甚麼說是事出有因呢？

答：我們絕對不難理解，為何英國大律師公會要攻擊香港《國安法》，那是因為英國正是主張針對及制裁中國的「五眼聯盟」成員國之一。問題是，為甚麼夏博義要附和這種政治譴責呢？這突顯了香港大律師公會一個存在已久的問題：大律師公會的執委會已經把這個專業組織政治化，並逐漸將它推演成了一個反政府平台。

問：推進香港司法改革是彰顯公義的不二選擇，司法改革的現實意義在哪？

答：經過過去一年多的「修例風波」後，社會結構已經發生很大轉變。凡涉及有關案件時，已充滿政治色彩，甚至不排除有外國勢力插手干預的影子，若法庭繼續單純以法律條文審理，根本無法配合香港的新形勢。因此，司法機構應考慮是否需要收緊有重大誘因棄保潛逃疑犯的保釋條件外，還應研究向在職法官提供培訓，包括學習國際及地緣政治作為《國安法》的背景，讓他們能準確地拿捏《國安法》的解讀和演繹，減少對黑暴誤判的情況。就從香港《國安法》說起。不知是否因為《國安法》以中文起草，不像香港現行法律般以英文起草，香港一些大法官似乎沒有準確明白該法的目的和觀點。全國人大常委會全票通過香港《國安法》時，很清楚地表明該法律旨在「預防、制止和懲治」危害國家安全行為，而香港《國安法》第 5 條亦重申這三個原則。

問：你前面提到香港大律師公會應該是一個非政治性的專業組織，怎麼理解？

答：大律師有分執業和非執業兩種。在於接受高等法院任命並成為大律師之後，所有大律師必須得到大律師公會所發出的執業證書才能合法執業，成為執業大律師。為要每年取得執業證書，所有大律師都必須是大律師公會的成員。所以對想執業的大律師來說，大律師公會並不是一個自願性加入的組織。香港有很多大律師都不是建制派，他們選出一個立場反政府的主席並沒有甚麼稀奇。問題是，那些持不同意見或相反政治觀點的大律師就變得別無選擇，他們既不能退出公會，又不得選擇不被公會代表其立場。當然有人會認為，如果持不同意見陣營有足夠票數的話就可以入主為執委會，成為公會的「主流意見」。但此說差矣，大律師公會不是一個政黨或政治角力場，而是一個非政治性的專業組織。

問：大律師公會政治化已經是存在已久的問題，對此，你有甚麼建議？

答：為防止大律師公會這個平台繼續被操縱及利用，現有的大律師公會應該被轉變成一個自願加入的專業組織。那麼，不認同他們政治取態的大律師們，便可以繼續執業而不用加入大律師公會，更不用因為擔心自己的執業資格而被迫支持公會的反政府立場。特區政府可以考慮我們的建議，參照投訴警方獨立監察委員會演變成現在法定的獨立監察警方處理投訴委員會的經驗，成立一個法定組織「大律師執業及管理公會」。

問：「大律師執業及管理公會」的功用體現在哪？

答：「大律師執業及管理公會」應由主席、兩位副主席及不少於八位其他成員組成，所有成員均由行政長官任命。這些成員應由經常僱用大律師或與大律師執業有關的法律或準法律機構提名，這包括香港律師會代表、法律援助署代表、執業 5 年以下的年輕大律師代表、執業 15 年以下的大律師代表、資深大律師代表以及香港和解中心及香港國際仲裁中心的兩位代表。「大律師執業及管理公會」可負責處理：一、向大律師頒發年度執業證書；二、監察大律師提供的服務；三、制定大律師的行為準則；四、處理針對大律師的投訴並在適當的時候採取行動；五、成立正式的大律師紀律審裁處，處理針對大律師的紀律聆訊，並取代現時大律師公會那非正式及非法定的紀律審裁組。如果大律師公會要參與政治角力，就必須承受政治上失敗所帶來的後果。夏博義主席，大律師公會是否會被帶領到一個「萬劫不復」的地步，就看他本人之後的取態如何了。

（原刊於 2021 年 1 月）

雷鼎鳴：暴力事件對經濟影響遠超佔中時期

「治國常富，亂國必貧」，「利莫大於治，害莫大於亂」。香港反修訂《逃犯條例》運動到黑衣暴亂衝擊事件，自 2019 年 6 月 9 日起至 9 月 16 日，整整 100 天。中美貿易戰及黑衣暴亂造成的影響，令香港受到內外夾擊，經濟受創程度持續惡化，對各行各業影響正逐步浮現，以致經濟有陷入大衰退的風險。香港儼然已成暴力之城。沒完沒了的持續暴力破壞，週週上演，日日爆發，給港人帶來極大的安全威脅與生活不便，對香港經濟影響立竿見影。

有輿論認為，採取暴力與破壞行動的多是「勇武派」；不過，還不能忽視上街遊行的上百萬「和理非」（和平、理性、非暴力）者，可歸咎他們對暴徒的暴力行徑「不看見」、「不評議」、「不指責」、「不割蓆」，由此助長暴力極端示威者的囂張氣焰。這場示威抗爭將滿百日，幾乎已到極限。當下，暴力分子的破壞行動已成為這場「黑衣暴力革命」最顯眼的部分，早已有違運動初始的核心理念。當下，需要指出的是，明知干擾機場及破壞港鐵等暴力行動，嚴重損害市民權益，但大多數市民沒有能力或者沒有意願，公開站出來勸阻極端示威者。

香港反修例風波已經持續三個月，暴力事件衝突越演越烈，對香港的經濟更帶來破壞性打擊。9 月 9 日，香港科技大學經濟學系前系主任雷鼎鳴教授接受筆者專訪，他認為是次風波對於香港的經濟在短線和長線兩方面都有破壞性影響，並且遠超五年前的「佔中」時期。政府唯有儘快止暴制亂，才能有經濟上的反彈。以下是採訪摘要。

***

問：反修例風波已經持續三個月，對香港的經濟顯然有很大影響，對此你怎麼看？

答：對經濟的影響現在很嚴重，今年經濟的增長率雖然現在數據還沒完全出來，但我覺得很可能是零增長甚至稍微負增長。這可以分成短線影響和長線影響，短線很明顯的包括遊客減少，當然對於社會各相關行業的經濟有破壞性影響，而且還要包括社會裏很多破壞活動出現。這些破壞活動的出現，包括對於港鐵、公共設施等，表面看起來其實是會增加 GDP 的，因為打爛那些設施、物件，都需要買很多配件來修理，所以 GDP 會因為這個原因有增加。但是對於社會來說，當然是沒有好處，反而是浪費了儲蓄基金去購買，用於原本並不需要的修理。所以表面看起來示威活動在某些方面對 GDP 還有正面作用，但實際對社會影響負面。

問：與五年前「佔中」對於經濟的影響相比，這次會如何？

答：這個短線的影響量化後究竟作用多大還比較難說。「佔中」的時候比較容易直觀看到影響，比如「佔中」剛發生時，9

月底股票市場跌了很多。本來股票市場的變化不一定是單一因素引起的，但是當年整個9月，外圍股市都沒有太大變化，在美國基本是穩定的，在中國稍微上升，在香港也沒有其他重要事情發生，只有「佔中」一個因素。所以當時股票突然大跌，我們是可以歸結為「佔中」這一因素。但這次不一樣，因為除了暴動，同時還有另外一個比較大的事情，就是中美貿易戰。而且貿易戰有時好消息有時壞消息，變成一種市場中的噪音，很難把暴動帶來的影響辨別孤立出來。但是我還是確定這一點，這次對於短線和長線的影響，都遠遠超過「佔中」時期，因為它的規模、時間長度、破壞程度、牽涉人數都遠遠比「佔中」時厲害。兩個多月以前，我就說這是香港1967年以來最嚴峻的一個挑戰。但究竟是否比「六七暴動」更嚴重，現在還比較難說，因為當時有炸彈，有死人。

問：你所說的對香港經濟的長線影響是指哪方面呢？

答：對於香港經濟長線的破壞比短線麻煩得多，有兩方面破壞力比較大的。第一，香港的長處本來最重要的是香港人非常遵紀守法，而且對於社會中的法規和一些習慣都非常尊重。但是這次，把法治精神和守法的精神徹底打破了，起碼相當一部分人被打破了。這個後果是非常嚴重的，從前我們在香港做任何事，都有預期別人也都是遵守法律、信守承諾的，平常生活裏我們也有一些基本要求。比如我們不會想像到會有人故意阻擋港鐵車門關閉，因為只要有一個人這麼做，整條線都受到影響，過去我們是沒辦法想像這件事發生的。

然而，現在已經沒有這個保障，不斷有難以預期的新情況出現，這些不確定的因素大大增加，令我們生活裏的商業交易成本大幅增加。就像是我和公司之間簽了合約，現在變成我不太肯定對方能夠完成合約，就算這家公司很願意去完成，但可能受到一些突發事件影響。比如我去北京，現在不敢買國泰航空的機票，不是因為我擔心他們的員工做甚麼，不是擔心這架飛機有危險，而是我無法知道有沒有一些人因為國泰有問題不允許它降落，這對於我個人行程時間的安排風險很大，即是我已經不太肯定它能否完成這個所謂合約。在香港我跟別人做生意也面對這些不確定因素，將來會有很大影響。香港幾十年很努力建立的國際聲譽，現在受到非常大的破壞，而且這是長期的打擊，不是在短期數據上體現的。

問：第二個方面呢？

答：第二就是年輕人的問題。年輕人一旦參與這些示威遊行，很難退下來，就像染上毒癮，很難戒掉。一旦參加了這些暴力示威，他是會非常興奮的。最近也有一篇文章研究 2014 年「佔中」前後參加示威遊行的那些人，凡是參加過一次示威的年輕人，再參加這些活動的機率是比較高的；並且具有傳染性。我希望這件事快點結束，拖得越久，對於社會越不利。近兩年最重要的影響，在學校裏也好，在工作崗位上也好，這些年輕人本來可以把自己的時間和精力放在學習和對社會有貢獻、對香港有利的事情上，但在現在的社會氛圍裏，很多年輕人會覺得投入抗爭會有很大回報。這個回報一部分是心理的，一部分可能他們還會拿到錢，他們就會把更多時間投入其中。這樣他們更沒有興趣在他們本來的專業發展，更不會去投入在大灣區、「一帶一路」、創新科技這些方面，這都不可能沒有青年人的參與。所以，對於這些發展我都比較悲觀，對於香港的長期經濟增長都有挺大的破壞性。

問：當下政府在經濟方面還能有甚麼經濟措施來補救呢？

答：現在的主要矛盾就是一定要盡快停止暴亂，不然經濟是不會恢復起來的。特首林鄭月娥說要跟不同人對話，又說施政報告，有傳言會有一些大手筆的利好消息，但是我非常懷疑她是否能做到。因為當社會在暴動，你搞經濟上的政策，實際上是事倍功半，很難解決問題，所以她最應該做的就是快點止暴制亂。假如完全不需要內地幫助，她用《緊急法》單從法律的角度是有效的，但我非常懷疑她的執行能力，我信心不大。如果最後香港政府自己解決不了，可能要用《基本法》第 18 條，停止了這些破壞活動，才可能有經濟的反彈。

（原刊於 2019 年 9 月）

陳達鉦（六哥）：亂港分子水路「着草」外逃

《港區國安法》出台，震懾力強，香港坊間盛傳，這一陣黑衣暴徒和亂港分子紛紛打探外逃路線。一年來香港暴亂已有 9 000 人遭警方拘捕，其中有 200 人已逃亡台灣。遭拘捕的大部分人被起訴後，旅遊證件上繳，坐乘飛機外逃已無可能，陸路外逃風險頗高，海路潛逃便是主要選項。有媒體披露，近期一些船主、「蛇頭」頻頻收到欲偷渡赴台的查詢電話，問價的人成倍增加。香港仔、西貢、大澳等地都是走私和偷渡上船熱點地，坐漁船出公海，再坐另一艘接駁船，再換台灣漁船闖入台灣海域。香港陳達鉦基金會會長、前「黃雀行動」前線總指揮「六哥」陳達鉦，長期來對水路偷渡、逃亡、走私的途徑和手法相當熟稔。

1989 年 6 月下旬至 1997 年為止，為秘密營救「六四事件」中遭北京通緝的持不同政見者逃往香港，港人發起了行動代號為「黃雀行動」的壯舉。「六哥」時任行動前線總指揮，營救了陳一諮、蘇曉康、李祿、嚴家其，還有中共前總書記趙紫陽之子趙二軍妻子和女兒等 133 人，主要是透過海路成功營救的。2020 年 6 月 29 日下午，他就香港《國安法》出台和亂港分子水路「着草」

外逃話題，接受筆者獨家訪談。

對於媒體報道和坊間傳言，「六哥」說，香港仔那邊確實有人在做這盤生意，漁民和蛇頭都有，不過從事這些活動的人已經不多，大埔三門仔那邊都是漁民，不是「專業」的。從香港海域走私和出逃，目前風險大增，香港警方已加強海上巡邏堵查。香港水警專業佈防水準頗高，衛星定位領航，善於封鎖追截。現在很少會選擇在黑夜或淩晨偷渡，一般會在白天假扮釣魚出公海。現在由香港走水路，幾乎不可能。唯一可靠的路線是從澳門水路走，安全多了。「六哥」笑稱，「這次就沒人找過我，我也沒探過路。這次《國安法》的事和當年『六四』不一樣。『六四』學運我是理解的，我會幫那些年輕人越境；這次的黑暴，我是反對的，我始終支持香港警察，因此也有很多人罵我。我至今仍認為，香港警察是全世界最優秀的警察，是最文明的警察。一年來，沒有一個暴亂分子死於警察手下。」有朋友說，亂港頭目「着草」沒有找他，或許正與他一年來面對黑衣暴力而勇於撐警有關。

「六哥」說：「聽說『着草』費高達 30 萬至 100 萬港元，偷渡者越出名要價越高，這 100 萬是亂開價，開玩笑，太高了，當年『黃雀行動』救助一人抵達香港，只需 5 萬港元，雖然過去 30 年了，出逃難度也大了，但據我所知，二三十萬而已。」他說，這些偷渡的能否成功誰都沒有把握，「從偷渡那一刻始，偷渡者已經把自己生死置之度外了。偷渡成功與否除了自己的能力，也靠天意。不過作為一個偷渡者，第一就是自己的生死置之度外，否則一定不會成功。」

談到國安立法，「六哥」說，不要低估香港人愛國情懷；不要低估共產黨幾十年來在香港的工作；不要低估左派在香港根深蒂固的能力。這三個「不要低估」，一旦低估就會犯錯。他說：「共產黨這幾十年在香港做了大量工作，沒有人比共產黨更重視香港繁榮穩定，香港垮掉對共產黨有甚麼好處？」

76歲的陳達鉦，每天騎室內單車20分鐘。從家到公司來回步行超過40分鐘，視為鍛煉身體。他說，最近對香港市民衝擊力最大的，除了肆虐半年之久的新冠肺炎，就數《港區國安法》。「修例風波」至今一年，黑暴肆虐，把東方明珠搞得黯然失色，暴徒瘋狂地破壞社會秩序，縱火、堵路、砸毀港鐵和銀行，把香港社會搞得天翻地覆，令市民深惡痛絕。在特區政府束手無策的情況下，中央政府果斷出手制定香港《國安法》，是非常及時的，可以將香港的「一國兩制」拉回正軌。

「六哥」說：「今天透過你的採訪，我明確表示：香港《國安法》是以香港市民的福祉為依歸，對所有奉公守法的香港市民不會造成任何影響，是為了懲治極少數嚴重犯罪行為，保護廣大香港市民。只有那些極少數黑暴徒及其幕後黑手會恐懼，一些禍港分子已經宣佈退出政壇，但為時已晚，這就是惡有惡報，時間一到，他們必須為一年來香港受到嚴重的損失而買單」，「對港版《國安法》，我只有一點憂慮：就擔心具體執行時，會不會把『一國兩制』慢慢變成『一國一制』。今天是不會的，只是我對未來的一點憂慮。」

（原刊於2020年7月）

陳慎芝（矛躉華）：港疫下毒品案頻增內情

新冠疫情下，香港毒品案頻增。香港警方提供的數據顯示，2020 年頭十個月因涉及毒品案件而被捕的 21 歲以下青少年有 390 人，較上一年同期上升一倍。警方發現疫情期間，青少年長時間居家抗疫，有毒販因而透過網上販賣毒品，及以不同的方式美化大麻。2021 年 1 月 8 日，縱橫黑白兩道四十多年，被喻為「戒毒教父」、「江湖拆彈專家」的陳慎芝（矛躉華）接受筆者專訪時說，香港毒品案件增多，原因是疫情下經濟衰退，有三件事浮出市面，一是販毒，做毒品生意；二是借錢，收高利貸；三是追數，欠錢不還，滿大街都是追數的。這些都與疫情有關。警察一次掃蕩行動，會令毒品立即乘機加價，因為風險大了，吸毒的那些人，加了價也還是要拿貨的。

2021 年 1 月 7 日香港警方聯同中國內地執法部門展開代號為「星連行動」的聯合行動，打擊販賣含有迷姦水成分毒品的案件。行動中兩地警方共拘捕 7 男 4 女共 11 人，年齡介乎 20 至 33 歲，檢獲共值逾 72 萬港元的懷疑毒品，有關含有迷姦水成分的毒品來自內地，在香港以性商品店名義售賣。1 月 6 日，香港九龍城警區特別職務隊根據線報及調查後，展開打擊毒品行動，於土瓜灣道 237 號地下截查 28 歲非華裔男子，在其身上檢獲 265 克懷疑冰毒，市值逾 17 萬港元。

1 月 4 日，香港深水埗警區特別職務隊展開代號「晴天」的反毒品行動，重點打擊醫局街、通州街公園、南昌街一帶街頭吸毒及其他毒品罪行。警方在南昌街截查兩名可疑男子，在他們身上檢獲 84 克、市值約 54 000 港元的懷疑冰毒，以及一個冰壺。被捕這兩人分別 29 歲和 63 歲。1 月 3 日，香港將軍澳警區人員凌晨反罪惡巡邏期間，於尚德邨巴士總站一輛私家車上發現一名男子形跡可疑，遂上前截查，在車上共檢獲 6.4 克懷疑可卡因，市值約 8 500 港元，這名男子 21 歲。1 月 1 日，香港天水圍分區警察巡邏期間，於天恩路發現一名青年形跡可疑，遂上前截查，在青年手提包內檢獲 9 包共重 226 克懷疑霹靂可卡因，市值 50 萬港元。該名 17 歲青年及私家車內一名 30 歲男子涉案被捕。

2020 年 12 月 30 日香港警方毒品調查科人員根據線報，於深水埗元州街截查一名 34 歲男子，但該男子卻嘗試逃走，警員在欽州街將他制服，並在該男子搬運的紙皮箱中搜出一批閉路電視鏡頭內藏市值 800 萬港元、重量逾 12 公斤懷疑冰毒。12 月 29 日，香港海關在國際機場連續破獲兩宗從美國到港，同樣報稱載有衣服和聖誕飾物的空運郵包的跨境販毒案，檢獲共約 3.1 公斤大麻花，估計市值 70 萬港元，並拘捕 4 名涉案青少年，年齡介乎 12 至 16 歲……

疫情下，警方幾乎每天都破毒品案。陳慎芝說：「製毒、販毒或藏毒均屬嚴重罪行。現在流行的毒品是可卡因，我們叫『可樂』，它的特點是可以直接吸，放在香煙裏面也可以，或者是拿火燒，燒出來的煙可以吸。因為簡單，所以很多人吃。可卡因由古柯樹的葉子提煉而成，多來自南美」。他說：「為甚麼這麼多人吃？因為吃了生理上沒有那麼強烈的依賴，沒那麼容易上癮，但其實副作用也很可怕。之前，我去馬來西亞演講反毒品，在監獄看到一個人手上都是刀傷，我問他怎麼回事，原來他吸了毒常常出現幻覺，總覺得自己手上有蟲，就一直拿刀割自己的手，想把蟲拿出來。」

陳慎芝說：「現在的青年人要想一下後果，如果入獄，真的很慘。我 16 歲開始吸毒，吸到 25 歲半，加起來 9 年。1974 年加入福音戒毒，之後專職做戒毒工作。戒毒之後，我海闊天空，很多人都看着我，希望看我重新吸毒，但我沒有。這四十多年，我覺得已經賺了，我活得很開心，認識了很多人，也幫到很多人。」

他指出，現在在油尖旺這些地方，只要打個電話，15 分鐘內就有人送貨。「現在吸毒的年輕人佔的比例多，因為他們看不到明天，這是最慘的。走上社會，看不到山峰，怎麼走都是平原，沒有明天。至於這些年輕人哪來錢吸毒呢？只要你一開始吸毒，就會做各種古靈精怪的事。走過看到甚麼東西合適，就順手偷一點。毒品會將吸毒者的水分抽乾，所以吸毒者很怕大便和洗澡。因為身體弱，不洗澡，樣子很邋遢。也有吸毒者試過兩個月無法排便，非常痛苦。」

他續說：「過去一年半黑暴期間，如果你留意，衝在最前面那十幾個黑衣人，我們一看就知道不是學生。那種打法，肯定不是學生。後來我查出來背後是誰，黑社會來着。又有錢收，又可以打警察，又可以蒙着面，多開心。現在經濟那麼差，這些人為了錢，甚麼道義都不要了。」

這位香港前「黑幫大佬」表示，當年慈雲山十三太保已經有九人離世了，還剩下四人。外號「茅躉華」、人稱「華哥」的陳慎芝十四五歲加入黑社會，是前 14K「慈雲山十三太保」首領，血腥漢子，好勇善鬥，打架打劫，人見人躲。陳慎芝曾染上毒癮，後脫離幫會改邪歸正，從良改信基督教，洗心革面，積極從事和福音戒毒相關的社會工作，1987 年榮獲「香港十大傑出青年」的嘉許，他的傳奇一生更被取材改編成電影《慈雲山十三太保》、《毒誡》等。採訪這一天，他駕車的車牌號「HK815」，815 甚麼含義？他說 1945 年的這一天，日本投降；8 月 15，中國人中秋節。記者笑言 8+1+5=14，14K 的數字，他一陣「哈哈哈」。

陳慎芝說：「香港政府反毒品那麼多年，吸毒還是嚴重。但如果我們不去正視，問題就更嚴重。香港是一個自由社會，毒品能透過很多渠道進來。只有不懈正視，執法、教育、治療、立法，朝這四個方面繼續努力。過去一年，我做個人輔導工作比較多，在西九龍中心等地辦講座。青年人交朋友很重要，似乎朋友比父母重要，對自己影響大。如果你認識了損友就慘了，吸毒就更麻煩。作為父母，一定要留意子女和甚麼人交朋友，以免他們受朋輩影響而參與販毒活動。」

（原刊於 2021 年 1 月）

李山：紫荊黨核心主張是追求百年「一國兩制」

香港海域，仲春，陽光，海風。這是 2020 年 3 月 1 日，一條船上，香港紫荊黨成立，首批黨員 13 人相聚。今時，中共建黨百年，紫荊黨成立，紫荊黨黨徽中間有個船的圖形，總讓人想起百年前的中共，在嘉興南湖那條船，中共一大 13 名代表。紫荊黨主席李山笑稱，疫情下，沒地方能去，於是黨的成立選擇在海上，當時也確實議論到學習中共。不過，外傳這條船是「紫荊號」，也有傳說船租公司是紫荊公司，李山笑稱，他沒有查問過，那條船名是「洋紫荊號」，「紫荊」和「洋紫荊」是不同的兩種花，而 13 名代表也是無意的巧合。他自我調侃道，紫荊黨首批黨員很多是「海歸」者，中共一大代表中很多人也是「海歸」。在成立會議上，黨員很認真地逐字逐句討論了他起草的建黨宣言。據悉，外傳紫荊黨成立於 5 月的說法不準確，5 月是紫荊黨公司成功在香港註冊的日子。

十個月過去了，紫荊黨黨員還不到百人。外傳，紫荊黨要發展到 25 萬黨員，這距離相當大，問黨主席李山，他則回應說：「我倒不覺得這個數字是達不到的。有人說民建聯運作幾十年，才發展到三四萬人，你紫荊黨怎麼可能？首先要看你運作的是甚麼樣的黨，如果按中國共產黨的標準發展黨員，就肯定不可能一下發展那麼多人，但如果你按美國民主黨、共和黨那樣的標準，不就可以很快搞出上百萬的黨員？因此黨員隊伍的規模，取決於我們用甚麼標準用甚麼策略發展黨員。傳統的做法，面談一個，發展一個，25 萬人都一個個談，那肯定是漫長歲月。但建個網站，把黨的綱領放上網，凡認同綱領的，就填個表成為黨員，黨員隊伍就可以迅速壯大。現在很多人考慮入黨，其中有些人比我本人、比現有黨員更有社會影響力。這些人不都是來自內地，也不都是『海歸』，甚至有外國人。可見我們黨的理念能吸引人聚攏來一起奮鬥，絕對不是有人說的『新瓶裝舊酒』，而是從裏到外都是新的。」

李山剛從北京回到香港，因疫情而隔離了 14 天，1 月 14 日自我隔離剛剛結束，翌日在金鐘太古廣場辦公室接受筆者獨家專訪。自 3 月紫荊黨成立以來，他沒有接受過香港媒體採訪，這天是第一家。一個半小時的訪談摘要如下。

***

問：都說 貴黨成員都是「新香港人」，你們怎麼自我評估？

答：我不太喜歡「新香港人」這個詞的提法，不知道怎樣才算「新」，甚麼是「舊」。我 1993 年第一次來香港，1995 年開始在香港定居，是超過 20 年的永久居民了。我認為香港是中國的香港，是所有香港居民的香港。目前報道的首批黨員有黃秋智、陳建文和我，強調我們來自內地。黃秋智是香港拔萃男書院畢業的，他童年就來香港，如果他也算內地人，那李嘉誠也應該算內地人了。還有陳建文，我認為他是香港人，他是從廣東來的，但他父親是從香港回廣東的，他說他父親就是香港人。反正在我眼裏，他們就是本土香港人。當年中共建黨，李大釗、陳獨秀這樣的學者宣傳理論，最後幹成大事的是毛澤東。我就請陳建文當主席，我重在研究黨的理念。

問：為甚麼現在是你當主席呢？

答：最初計劃黨主席是陳建文。參與討論建黨的人大多數都是香港本土出生的，也有幾位像我這樣「海歸」背景的專業人士。大家都知道建黨的理念最初是我提出來的，有人說你李山不當主席，我們參與的興致就不大了。我於是想到向國民黨學習，蔣介石是總裁，汪精衛是主席，但管事的是蔣總裁。我就跟陳建文商量，他當總裁，我當主席。陳建文很大度的同意了我的建議。在黨的成立會上我當選主席，他任總裁。由於一些特殊原因，他後來辭職了，目前總裁由我兼任，我們正在物色新的總裁。我們理想中的總裁是位熟悉香港的人。我也是香港人，但我對香港的政治還不夠了解。我本來對香港的政治沒甚麼興趣，你們肯定沒聽說過我 2019 年之前在媒體上發表過政治評論。不過，有人評論說我們是「在天上飛」的，這也不符合事實。我參與過香港特區政府工作，在董建華當特首的時候，香港成立了經濟及就業諮詢委員會，由財政司司長唐英年負責，我是委員之一。

問：當時你好像是唯一的中資企業代表？

答：對，我當時是中銀國際總裁。曾蔭權當特首時，我已離開中銀，又以個人身份擔任特區政府中央政策組非全職顧問，所以我對香港的情況有所了解，有些方面有深刻體會。我全世界到處跑，倫敦、紐約都住過一段日子，但我特別喜歡香港。香港中西合璧，跟我個人的經歷也像，很適合我這樣的人。

問：你甚麼時候開始擔心香港的未來呢？

答：是 2019 年，「反修例」事件發展成暴力事件，讓我很擔心香港的未來。我是瑞士信貸集團全球董事會董事，是瑞信歷史上第一個華人董事。我當時覺得公司面臨的最大的風險，至少在亞洲就是香港的動盪。當國際金融機構都擔心香港的未來，最極端的情況就是都撤資了，香港金融中心地位就會不保。這對國家將是巨大的損失，首當其衝受傷害的還是香港人。另外，我很多朋友的孩子在香港上學，因為「反修例」風波受衝擊，部分朋友把孩子送回內地，送到美國、英國，都不敢繼續留在香港讀書。香港原本是美麗的家園，忽然政局動盪而社會嘈雜，前途未卜，這是我最擔心的。再看 2019 年那場區議會選舉，建制派大敗。我雖然是永久居民 20 年了，早就有選舉權，但我沒有做選民登記，沒參與任何一次選舉。但這一回我覺得是時候表態了，於是去投了票，結果才發現很糟糕，於是開始思考香港的政治問題。

問：你說要為全體香港人爭取下一個「50 年不變」，追求百年「一國兩制」，這是紫荊黨的核心主張，怎麼理解？

答：香港居民的最大公約數就是「一國兩制」。首先這本來就是國策。其次，不管你是黃的還是藍的，藍的肯定支持「一國兩制」，對黃的而言，沒有了「一國兩制」，搞「一國一制」，你不是更難受嗎？所以我認為這是能夠團結大多數人的。當時從選舉的角度觀察，大多數人沒有投建制派的票，但大多數人都認同「一國兩制」。我提出「百年不變」也是有根據的。鄧小平說 50 年不變，50 年之後更沒必要變，所以我也沒有覺得是我的創新。變是永恆的，內地都講與時俱進，改革開放就是變，問題是往甚麼方向變。你要維持「一國兩制」，保持大的框架，這是有條件的，你不能總在那裏搞破壞吧，如果社會搞糟了，真的要港獨了，搞暴力了，還能甚麼都不變？這次香港《國安法》推出，也是因為有人炮製了不好的條件，為應對這個局面，才推出香港《國安法》。所以說，要想「一國兩制」長期不變，不是一個口號，而是要創造條件。100 年只是一個數字概念，其實就是長期不變。紫荊黨的核心口號，就是我們宣言上寫的「共建香港，無問西東」。

問：怎麼理解這「無問西東」？

答：「無問西東」意思就是不管你是黃的還是藍的，大家要齊心建設香港，而不是破壞，也不是無所作為。有人說，我們代表「精英」、「海歸」、「北漂」、「新香港人」，我們不是這樣想的，這種代表香港某一階層的政黨或團體很多了。紫荊黨致力於服務最廣大的香港市民，而不是某個階級、某個社羣、某個團體。我們是追求和維護香港市民公共利益的公意黨。如果要用一個詞概括我們的行動方向，我想用「拾遺補缺」。維護「一國兩制」長期不變需要做的事，如果目前還沒有人做，或者說做得還不夠好，我們就應該去做。

問：為了讓讀者能更準確了解紫荊黨，請問你們高舉的是甚麼顏色的旗幟？

答：我們說「無問西東」，因此我們的旗幟光譜很寬，但大家都團結在愛國愛港的旗幟下。我們是一個新型的政黨，除了國家和香港的利益，沒有任何本黨的特殊利益。

問：根據你們的優勢，可以為香港做些甚麼呢？

答：我們可以推進三方面的事。一是智庫，因為我們熟悉金融領域、科技領域、教育領域，我們可以對特區政府，或者未來的特首競選者，提出獨立而高水準的政策建議。

問：那麼第二個呢？

答：二是人才庫。我希望我們未來的黨員隊伍包括各個領域的精英。特區政府需要相關的管治人才，我們可以推舉人才。在這方面，我們要努力建立自己的優勢。

問：那麼第三個呢？

答：我們在黨綱裏還講了第 3 條，就是中西合璧。香港之所以對國家如此重要，正因為它是中國與世界的橋樑，作為橋樑，你就要橋樑的兩頭都要連得上。你要對內地很了解，要被信任；你還要對國際很了解，起碼能被理解，別人願意跟你對話，跟你交流。像我們這種有「海歸」背景的人，正好這兩點都具備。以我自己為例，在國外我是瑞信董事，是哈佛肯尼迪政府學院院長理事會成員，還是麻省理工學院顧問，不管學界、商界的聯繫都很多。像我這樣的，在黨內有不少人，黃秋智就是哈佛肯尼迪政府學院畢業的。我們有些黨員又有內地背景，比如我出生內地農村，從清華大學畢業，可能比香港本土的朋友更能了解內地。當然要服務好香港市民，我們黨也需要更多香港本地出生的黨員。有人說我們建新黨是「新瓶換舊酒」，那是對我們還不了解。我們也很強調執行力。

問：為甚麼要強調執行力？

答：剛才我講到搞智庫，但也強調要有執行力。我是經濟學博士，也是 CEO，還是個創業者。很多人知道我搞金融。我早在 1998 年就與一位朋友從零創立過中國最大的房地產互聯網網站「搜房網」，在紐約證交所上市後市值曾高達 100 億美元。中銀國際的中國公司是我從申請牌照開始領導創立的，現在上市了，市值 1 000 億元人民幣。我只是用自己做個實例。我們很多黨員都具備執行力。所以說我們除了搞智庫，還要成為人才庫，我希望這些人才能為特區政府增強管治能力而效力。

問：你強調執行力，紫荊黨成立至今快一年了，貴黨行動上有甚麼表現？

答：政黨沒有正式註冊之前不能公開活動。我們 5 月份才完成註冊，我當時在北京參加全國人大和政協「兩會」。我後來又回到內地工作幾個月，年底才趕回香港。所以客觀上講，成立以來其實沒有多少時間可以自己掌控的，這是第一點。第二點，我常說要「大膽假設，小心求證」。要在行動之前，展開調研，謀定而後動，這些都需要時間。

問：你前面談到貴黨舉旗的顏色，說到政治光譜包容，那如何看待「六四事件」、七一遊行、「和理非」呢？

答：老實說，我們黨真的都沒有討論過這些問題。我回香港需要隔離，隔離剛出來，我黨員也還沒見到。這些尖銳問題，作為一個政黨應該有它的立場。但黨內尚未研討，你貿貿然表態就不太負責任，尤其是我作為黨主席，我不是代表我個人說話，我要對黨負責、對黨員負責。過去的一年半，香港社會「反修例事件」，年輕人特別是學生鬧事，我是有點同情他們的，我不是同情、也不是理解他們的暴力行為，我感歎的是社會的兩極分化帶來的嚴重問題，我是同情他們沒有住房，沒有工作，看不到前途，看不到未來，他們走上街宣洩不滿，對此種行為，我同情、我理解，也引發我更深的思考。

問：香港《國安法》實施半年，你怎麼評估它的現實和歷史作用？

答：你提到的香港《國安法》，我如實說，別人可能又會說是中央授意我幹的。其實我的政協提案就提出要成立《基本法》法庭。

問：那是甚麼時候？你當了政協委員幾年了？

答：我才當一年多政協委員。2020 年全國「兩會」是 5 月召開的，政協會議是 21 日，20 日那天我們港澳委員被告知，會上有重大事情宣佈，就是討論香港會實施香港《國安法》。你們知道，委員提案一般都要提前一兩週，它有一個截止日期，我是提前就交了的。當然我當時提的內容與香港《國安法》不完全一致，但我當初完全不知道中央要做這事。我只是堅信香港不能再這樣亂下去了，要加強法制，嚴肅執法。

這些年來，《基本法》第 23 條立法在香港沒辦法自行推動，我就覺得應當由中央、由全國人大來立法。我以美國為例，我說美國這些國家安全問題都由聯邦法管控，中國理應由全國人大來推動。再說，要有個執行法庭，還要有《基本法》檢察官制度。其實我提的可能跟現在香港《國安法》不完全一樣，我更多考慮由香港人參與，或許能讓更多香港人樂意接受。21 日就有記者採訪我，當時很多委員一時還沒理解透香港《國安法》，很難評議到位。我雖然也不是法律學者，但我曾擔任清華大學國家治理研究院執行院長，那邊甚麼專家都有，我的提案、我的陳述是經過法律專家推敲修訂的。

問：剛退下的原香港交易所行政總裁李小加有沒有跟你們接觸？

答：你看見他對媒體是怎麼說的吧？記者問到他這個問題時，他說對紫荊黨還了解不多，也沒有收到入黨邀請，有興趣了解更多有關紫荊黨的情況。他是公眾人物，他如何回應，我覺得你還是去問他。當然我也樂意與他交流。

問：中央和香港中聯辦對紫荊黨的態度有甚麼說法？

答：我肯定，我們沒有收到反對的意見。但是他們至今也沒有在公開場合表達支持甚麼的。有人注意到，紫荊黨成立，《大公報》、《文匯報》等這類媒體都沒有報道。

（原刊於 2021 年 1 月）